咖啡与茶
超时空系列

庄子 与

Arthur Schopenhauer

超时空探访

⊙马 颢 编著

上海古籍出版社

值得一走的时空之旅

　　咖啡，陪伴着多少西方大师畅想著书；清茶，陪伴着多少中国大师冥思立说。一东一西相距万里，前前后后时隔数千年，大师们彼此未曾谋面，但当他们跨越时空来到一起，绝妙的精神裂变瞬间爆发！那些莫名的意识巧合、揪心的情感抒发、睿智的观念冲撞、销魂的词藻往来……将沉眠于固态的心灵彻底融化！智慧荡漾于星际之间，情感振颤于地轴两端。来吧，放下尘世的万般纠结，去走一趟大师级的时空跨越之旅……

　　　　　　　　　　　　　　　　——底　谓

目　录

自由是神秘的

夜深了，我戴着耳机在被窝里听广播，"海风在我耳边倾诉着老船长的梦想……毛毛虫期待着明天有一双美丽的翅膀……梦是蝴蝶的翅膀……蝴蝶飞呀"，这首歌流行的时候我还是个小学生，一晃这么多年过去了，小伙伴们都上哪儿去了呢？

忽然，枕边的月光宝盒震动起来，打开一看，屏幕上赫然写道：超时空探访准备出发，请开启分身模式……

奇怪，不是说好明天早上的吗？真是计划赶不上变化。这次我要去拜访庄子和叔本华两位哲学高人，为了节约成本，赞助商决定将我一分为二，代号分别是"马大"和"马二"，说是这样就能同时进行，联袂播出了。你看，人类的技术已经先进到这种程度，怪不得大家都变得这么忙。

作为行前的准备，这两天我赶写了一份报告：

庄子　名周（约公元前4世纪—前3世纪），生活在战国乱世动荡的年代。

他追求自由自在的生活，所以一辈子不走仕途，只在家乡蒙地的漆树园子当过一个时期的管理人。

他的学问非常渊博，对于当时的百家争鸣无所不窥，但最服膺的还是老子的自然之道。

他具有异常卓越的想象力，而且能够融会贯通。他的文字优美奇特，变化无穷，常伴有一种深谙世道的智慧和直指人心的悲悯。

他是一个非常有趣的人，喜欢讲故事，经常说些幽默诙谐的话，或制造一些令人吃惊的戏剧效果，令读者在不知不觉中发现自己的误区，并进而思考人生的问题与解决的办法。

他继承并发扬了道的哲学。他的道，就是万物的自然本性，就是自由自在。在此基础上，他认为只有像庖丁解牛那样依乎天理、顺物自然，才能游刃有余、逍遥于天地之间。他认为正确的认识应该是跟认识对象的自然之道相合无间的，而且这种认识在本质上只能意会不能言传。

他是先秦诸子中的另类，他对世界和人生的看法尽管非常独到，却并非不切实际的幻想。

阿瑟·叔本华（Arthur Schopenhauer, 1788—1860），德国著名哲学家，唯意志论的创始人，现代悲观主义的鼻祖。

他生长在巨富之家，父亲孤僻忧郁、暴躁严厉，母亲聪明活泼、喜爱交际，故他自称"性格遗传自父亲，而智慧遗传自母亲"。他17岁时，父亲突然自杀，之后他跟母亲的关系愈发紧张，终于在26岁时与母亲彻底决裂。

他从小跟随父母游历欧洲各国，具有出色的外语天赋。上大学后更是兴趣广泛，求知若渴，并决定用一生的时间探索在他看来是"糟糕透顶的人生"。他思想早熟，学问渊博，25岁写出了哲学名篇《充分根据律（一译"充足理由律"）的四重根》（博士论文），30岁完成了奠定他不朽声名的哲学巨著《作为意志和表象的世界》。可是这些著作在当时根本得不到世人的理解和关注。

他32岁获得柏林大学的讲师资格，由于自负的天性和对形势的误判，在挑战黑格尔的讲课"竞赛"中落败，但这并不能动摇他对自己的天赋和哲学的坚定信心。

他45岁定居法兰克福，63岁出版了最后一本著作

《附录和补遗》(其中包括《人生的智慧》),此书令他声名鹊起。他一生未婚,没有子女,喜欢动物,特别同情鼹鼠,常与猫、狗为伴。

叔本华在《作为意志和表象的世界》中不吝言辞地向康德和柏拉图致以崇高的敬意,同时也不吝言辞地对与他同一时代、同一国度的以黑格尔为代表的几位著名哲学家予以严厉的批判和极为精彩的冷嘲热讽。他认为自己把握住了康德的根本精神,那就是作为世界本质的自在之物,是在主客相对的表象世界之外的东西,是不被时间、空间和因果性这些根据律所规定的东西。在此基础上,他将这个绝对的自在之物规定为意志(wille,一译"意欲"),认为意志是世界的本质,意志不顾一切地争取自身的客体化,是导致人生痛苦的根源。

他将内心汹涌澎湃的思想、对世道不公的愤懑和对人类苦难的同情诉诸他的手笔。他那魔幻般的形而上学,令人陶醉甚至狼吞虎咽的文字食粮,通过解剖生命本质而产生强烈共鸣的表达方式,给我留下了极其深刻的印象。

第 一 幕

第一场　道，无所不在

　　好了，准备就绪，现在出发！我开启分身模式，闭上眼睛等待月光宝盒将我复制粘贴到相应的时空里去。大约过了一分钟，耳畔山呼海啸，眼前天旋地转起来，然后我就什么也不知道了。醒来时发现代号为"马大"的那个我躺在一棵奇形怪状的大树下面，左手不远处有一条小河，庄子正在河边钓鱼呢。

马大	庄子
您好，庄周先生。	你好，马大同学。
马大	**庄子**
您怎么知道我叫马大？	那你怎么知道我叫庄周？
马大	**庄子**
我是在书里认识您的，这次特来拜访。	我梦见你要来看我，居然应验了。
马大	**庄子**
您还做过什么好玩的梦？	有一回我梦见自己变成蝴蝶，飞来飞去，快活极了，不知道自己是庄周了。
马大	**庄子**
后来呢？	忽然醒了，居然还是庄周。你说，到底是庄周做梦变成蝴蝶？还是蝴蝶做梦变成庄周？

（马大无语）

庄子

还是无所谓蝴蝶，也无所谓庄周，原本就是这样变来变去，自然而然的呢？

昔者庄周梦为胡蝶，栩栩然胡蝶也。自喻适志与，不知周也。俄然觉，则蘧蘧然周也。不知周之梦为胡蝶与？胡蝶之梦为周与？周与胡蝶，则必有分矣。此之谓物化。（《齐物论》）

马大

您说的"道"，究竟在哪里呢？

庄子

无所不在。

马大

能否具体一点？

庄子

在蚂蚁。

马大

这么卑微啊？

庄子

在野草。

马大

怎么更低了呢？

庄子

在砖瓦。

马大

啊？！

庄子

在屎尿。

（马大无语）

庄子

你没有问到点子上。屠夫鉴别猪的肥瘦，从猪头到猪脚，越往下踩越明白。道，无所不在，何必执着于某一物呢？

东郭子问于庄子曰："所谓道,恶乎在?"
庄子曰:"无所不在。"东郭子曰:"期
而后可。"庄子曰:"在蝼蚁。"曰:"何
其下邪?"曰:"在稊稗。"曰:"何其愈
下邪?"曰:"在瓦甓。"曰:"何其愈甚
邪?"曰:"在屎溺。"东郭子不应。庄子
曰:"夫子之问也,固不及质。正获之问于
监市履狶也,每下愈况。汝唯莫必,无乎
逃物。"(《知北游》)

马大

那么,我能拥有道吗?

庄子

想什么呢?你的身体都不归你所
有,你怎么能拥有道呢?

马大

我的身体不归我所有,那么归谁所
有呢?

庄子

身体是天地寄托的形体;生命也不
归你所有,是天地寄托的和谐;性
命也不归你所有,是天地寄托的顺
应;子孙也不归你所有,是天地寄
托的蜕变。所以,出行没有一定的
方向,居处没有一定的持守,吃饭
没有一定的口味。逍遥于天地之间
的道,又怎么能归谁所有呢?

舜问乎丞:"道可得而有乎?"曰:"汝身
非汝有也,汝何得有夫道!"舜曰:"吾身
非吾有也,孰有之哉?"曰:"是天地之委
形也;生非汝有,是天地之委和也;性命
非汝有,是天地之委顺也;孙子非汝有,
是天地之委蜕也。故行不知所往,处不知
所持,食不知所味。天地之强阳气也,又
胡可得而有邪!"(《知北游》)

马大
道可以学吗？

庄子
谈何容易。当初女偊有圣人之道而无圣人之才，卜梁倚有圣人之才而无圣人之道。

马大
那女偊把圣人之道传给卜梁倚，不是正好吗？

庄子
女偊就是这么想的，说不定卜梁倚真的能成为圣人呢？于是就守着他，一步一步地教，三天之后能把天下置之度外了；于是又守着他，七天之后能把万物置之度外了；于是又守着他，九天之后能把生命置之度外了；把生命置之度外，心境就像清晨那样明澈；心境明澈，然后就能见到绝对独立的道；见了道，然后就能不分古今；不分古今，然后就能进入非死非生的境界。杀生的无所谓死，生生的无所谓生，这就是道。道对于万物，无所不送，无所不迎，无所不毁，无所不成，这就叫撄宁。撄宁，就是超越相对而成绝对。

马大
女偊是怎么知道这些的？

庄子
他得自副墨（文字）的儿子，副墨的儿子得自洛诵（背诵）的孙子，洛诵的孙子得自瞻明（明晰），瞻明得自聂许（耳语），聂许得自需役（勤行），需役得自於讴（沉吟），於讴得自玄冥（幽深），玄冥得自参寥（高远），参寥得自疑始（渺茫）。

南伯子葵问乎女偊曰："子之年长矣，而色若孺子，何也？"曰："吾闻道矣。"南伯子葵曰："道可得学邪？"曰："恶！恶可！子非其人也。夫卜梁倚有圣人之才而无圣人之道，我有圣人之道而无圣人之才。吾欲以教之，庶几其果为圣人乎？不然。以圣人之道告圣人之才，亦易矣。吾犹守而告之，参日而后能外天下；已外天下矣，吾又守之，七日而后能外物；已外物矣，吾又守之，九日而后能外生；已外生矣，而后能朝彻；朝彻而后能见独；见独而后能无古今；无古今而后能入于不死不生。杀生者不死，生生者不生。其为物无不将也，无不迎也，无不毁也，无不成也，其名为撄宁。撄宁也者，撄而后成者也。"南伯子葵曰："子独恶乎闻之？"曰："闻诸副墨之子，副墨之子闻诸洛诵之孙，洛诵之孙闻之瞻明，瞻明闻之聂许，聂许闻之需役，需役闻之於讴，於讴闻之玄冥，玄冥闻之参寥，参寥闻之疑始。"（《大宗师》）

马大

副墨（文字）的儿子，洛诵（背诵）的孙子，瞻明（明晰），聂许（耳语），需役（勤行），於讴（沉吟），玄冥（幽深），参寥（高远），疑始（渺茫），这么多稀奇古怪的名字！为什么把副墨的儿子排在最前面呢？

庄子

因为他最浅。

永和九年歲在癸丑暮春之初會
于會稽山陰之蘭亭修禊事
也羣賢畢至少長咸集此地
有崇山峻領茂林修竹又有清流激
湍暎帶左右引以為流觴曲水
列坐其次雖無絲竹管弦之
盛一觴一詠亦足以暢敘幽情
是日也天朗氣清惠風和暢仰
觀宇宙之大俯察品類之盛
所以遊目騁懷足以極視聽之
娛信可樂也夫人之相與俯仰
一世或取諸懷抱悟言一室之內

马大

仓颉造字，天雨粟，鬼夜哭，这么大的事，为什么您说最浅呢？

庄子

妙不可言。

马大

怎么说？

庄子

世人看重的，是用文字记载的道理。其实文字记载的不过是语言，语言的可贵之处，在于它所表达的意思，而意思还有它所追随的东西。意思追随的那个东西，是无法用语言表达的，世人却因为看重语言而流传文字。他们看重，我不看重，因为他们看重的不是应该看重的东西。眼睛可以看见的，是形状和颜色；耳朵可以听见的，是名称和声音。可悲的是，世人以为通过形色名声这些东西就足以了解事物的真相了。形色名声其实根本不足以了解事物的真相，所以，知道的人不说，说的人不知道，世人怎么会懂呢？

世之所贵道者，书也。书不过语，语有贵也。语之所贵者，意也，意有所随。意之所随者，不可以言传也，而世因贵言传书。世虽贵之，我犹不足贵也，为其贵非其贵也。故视而可见者，形与色也；听而可闻者，名与声也。悲夫！世人以形色名声为足以得彼之情。夫形色名声，果不足以得彼之情，则知者不言，言者不知，而世岂识之哉！（《天道》）

马大

知道的人不说，说的人不知道，为什么是反过来的？

庄子

桓公在堂上读书，轮扁在堂下做轮子，他放下工具走到堂上，问桓公说："敢问您读的是什么书？"桓公说："圣人的书。"轮扁说："那圣人还在吗？"桓公说："已经死了。"轮扁说："那么您读的，不过是古人的糟粕。"

马大

这个轮扁倒是很敢说话。

庄子

桓公很生气，说："寡人读书，做轮子的竟敢妄加议论！说出道理就罢了，说不出就杀了你！"轮扁说："我是做轮子的，就拿这个来说吧。做轮子的时候，动作慢了卯眼就松，榫头插进去就不牢固，动作快了卯眼就紧，榫头就插不进去，不快不慢，得心应手，这个只有自己心里知道，说不出来。我没法把它传给儿子，儿子也没法从我这里学到，所以我七十岁了，还在给您做轮子。古人和他无法言传的东西都已经死了，那么您所读的，不过是古人的糟粕罢了！"

桓公读书于堂上，轮扁斫轮于堂下，释椎凿而上，问桓公曰："敢问，公之所读者何言邪？"公曰："圣人之言也。"曰："圣人在乎？"公曰："已死矣。"曰："然则君之所读者，古人之糟粕已夫！"桓公曰："寡人读书，轮人安得议乎！有说则可，无说则死！"轮扁曰："臣也以臣之事观之。斫轮，徐则甘而不固，疾则苦而不入，不徐不疾，得之于手而应于心，口不能言，有数存乎其间。臣不能以喻臣之子，臣之子亦不能受之于臣，是以行年七十而老斫轮。古之人与其不可传也死矣，然则君之所读者，古人之糟粕已夫！"（《天道》）

马大

这不是读书无用论吗？轮扁的说法是不是太偏激了？

庄子

不是无用，而是不要读死书，不要迷信语言文字这些外在的东西，否则就是舍本逐末。荃是用来捕鱼的，鱼捕到了就无所谓荃；蹄是用来捕兔的，兔子捕到了就无所谓蹄；语言是用来达意的，意思传达了就无所谓语言。我到哪里去找一个得意忘言的人来谈谈呢？

荃者所以在鱼，得鱼而忘荃；蹄者所以在兔，得兔而忘蹄；言者所以在意，得意而忘言。吾安得夫忘言之人而与之言哉！（《外物》）

马大

那排在最后的疑始又怎么讲？

庄子

疑始者，渺茫也，就是连有没有开始也不知道。

马大

那结束呢？

庄子

当然也不知道。他已经超越了相对的束缚，在他的观念里，既没有开始，也没有结束，生和死，是打成一片的。

马大

那也太糊涂了吧？

庄子

不要光看表象。传说黄帝巡游到赤水以北，登上昆仑山向南眺望，回来之后，发现他的玄珠不见了。于是让思维敏捷的知去找，没找到；让耳聪目明的离朱去找，也没找到；又让能说会道的喫诟去找，还是没找到。最后，派稀里糊涂的象罔去找，反而找到了。黄帝说："奇怪，为什么只有象罔才找得到？"

黄帝游乎赤水之北，登乎昆仑之丘而南望。还归，遗其玄珠。使知索之而不得，使离朱索之而不得，使喫诟索之而不得也。乃使象罔，象罔得之。黄帝曰："异哉，象罔乃可以得之乎？"（《天地》）

马大

为什么？

庄子

因为他遗忘了外在的、表面的东西，思维、聪明、言语，这些功能尽管各有其用，但都是局部的、有限的，凭借它们无法找到真理。

马大

玄珠代表真理对吗？

庄子

对，真理就是道，道是物物者，万物之所以生、所以死，都是由于道。好比点火烧柴，柴有烧完的时候，火却永远传下去，没有穷尽。

指穷于为薪，火传也，不知其尽也。（《养生主》）

马大
人也是物吗?

庄子
当然,人不过是万物之一,无所逃于天地之间。

马大
愿闻其详。

庄子
把船藏在山谷里,把山藏在大泽里,这算牢靠了吧!可到了半夜,大自然的神力将这些东西统统搬走了,自以为牢靠的人还蒙在鼓里。不管是小东西还是大东西,藏好了,还是有丢失的可能。把天下藏于天下就永远不会丢失了,这才是万物的真情。偶然得了人形就很高兴,自以为很了不起。其实像人这样有形体的,千变万化,没有止境,何必这么沾沾自喜呢?所以,圣人将置身于万物永远不会丢失的地方而与之共存。善小善老、善始善终的人,人们尚且效法,何况那万物之所关联、变化之所依托的道呢!

夫藏舟于壑,藏山于泽,谓之固矣!然而夜半有力者负之而走,昧者不知也。藏小大有宜,犹有所遁。若夫藏天下于天下而不得所遁,是恒物之大情也。特犯人之形而犹喜之。若人之形者,万化而未始有极也,其为乐可胜计邪?故圣人将游于物之所不得遁而皆存。善妖善老,善始善终,人犹效之,而况万物之所系而一化之所待乎!(《大宗师》)

第二场　让我们谈真理吧

准备就绪，现在出发！我开启分身模式……醒来时发现代号为"马二"的那个我已经坐在法兰克福美因河畔的长椅上了，右手不远处，叔本华跟他的卷毛狗正朝我这个方向走来。

马二	叔本华
您好，叔本华先生。	你好，马二同学。
马二	**叔本华**（指了指卷毛狗）
奇怪，您怎么知道我叫马二？	毛毛刚才告诉我的。
马二	**叔本华**
它会说话？	当然，不过一般人听不懂罢了。
马二	**叔本华**
能跟你们一起散步吗？	来，咱们边走边聊吧。
马二	**叔本华**
看得出您很喜欢动物。	动物不会撒谎，一看见它们我就心情大好。
马二	**叔本华**
哦？	难道你不觉得狗比人忠诚，也比人温柔吗？人们给同类施加痛苦并无其他原因，仅仅是出于恶意。在所有的动物中，唯有人这么做。

马二

所以您不喜欢交际，宁可独来独往是吗?

叔本华

谁要是自身拥有足够的热量，那他就更愿意对社交敬而远之，既不给别人麻烦，自己也不会遭到来自别人的烦扰。(《叔本华美学随笔》，[德]叔本华著，韦启昌译，上海人民出版社，2013年，第168页)

马二

保持一定的距离，既不要太近，也不要太远。

叔本华

是的。在一个寒冷的冬日，为了避免冻僵，一群箭猪相拥在一起取暖。但它们很快就被彼此的硬刺扎痛了。这样，它们被迫分开。但为了取暖，它们的身体又再度靠近，身上的硬刺又再次把它们扎痛了。这些箭猪就被这两种苦处反复折磨，直到它们终于找到一段恰好能够容忍对方的距离为止。所以，由于人的内在空虚和单调而产生出来的社交需要把人们赶到了一块。但各人许多令人厌恶的素质和无法让人容忍的缺点又把人们分开了。人们最后找到的、可以让大家在一起而又能相互容忍的适中距离就是礼貌周到和文雅规矩。因为这一距离的缘故，虽然相互取暖的需求并非完美地得到满足，但大家起码不会受到硬刺的烦扰。(《叔本华美学随笔》第167-168页)

马二
哲学就是要追求真理，想听听您对真理的看法。

叔本华
真理不是娼妇，别人不喜爱她，她却要搂住人家的脖子；真理倒是这样矜持的一位美人，就是别人把一切都献给她，也还拿不稳就能获得她的青睐呢！（《作为意志和表象的世界》，[德]叔本华著，石冲白译，杨一之校，商务印书馆，2014年，第11页）

马二
人求真理，真理不求人。

叔本华
对！真理是没有党派的，它却能够宁静地，不被注意地通过这些哲学上的叫嚷争吵而退回自己的路，如同通过那些最黑暗的，拘限于教会僵硬信条的世纪的冬夜一样。那时，真理只能作为秘密学说传布于少数信徒之间，甚至于只能寄托在羊皮纸上。（同上）

马二
目前的情况对哲学有利吗?

叔本华
目前？我要说没有一个时代对于哲学还能比这样可耻地误用它，一面拿它当政治工具，一面拿它作营利手段的时代更为不利的了。政府既拿哲学当作达到国家目的的手段，那么，在另一面，学者们就视哲学讲座为一种职业，和任何能养活人身的职业一般无二了。他们竞奔那些讲座，保证自己有善良的意愿，也就是保证其意图是为那些目的服务。所以,给他们指示方向的北斗星,不是真理,不是明澈,不是柏拉图,不是亚里士多德;而是雇佣他们来服务的那些目的。凡是不符合那些目的的,哪怕是他们专业里最重要、最杰出的东西,就或是受到谴责,或是谴责有所不便,就采取一致加以无视的办法来窒息它。人们只要看看他们反对泛神论那种异口同声的热烈劲儿,能有一个白痴相信这股劲儿是从信服真理而来的吗?然则,这被贬为餬口职业的哲学又焉得不压根儿蜕化为诡辩学呢?正因为这是势所必至的,而"端谁的碗,唱谁的歌"又自来便是有支配力的规律,所以古代就把靠哲学挣钱作为诡辩家的标志了。(《作为意志和表象的世界》第11–12页)

马二
您如何自处呢?

叔本华
紧跟着自己的思路走,不为所乱。我相信一个人既想出了真实的东西,照亮了隐蔽的东西,那么,这些东西总有一天会被另外一个思维着的精神所掌握,会要和这精神攀谈,使他愉快,安慰他。我们就是对这样的人说话,如同类似我们的人们曾对我们说过话而成为我们在这生命的荒野上的安慰一样。在这样的时候，人们从事于他们的事情是为了事情本身的，也是为了他们本人的。然而在哲学的深思中，却有这样一种奇特的情况：凡是往后对别人有所裨益的，偏是那些各人为自己精思，为自己探讨的东西，而不是那些原来是为别人已经规定了的东西。前者首先是在其一贯诚恳这个特征上看得出来的；因为人们总不会故意欺骗自己，也不会把空壳核桃送给自己。（《作为意志和表象的世界》第12—13页）

马二

是的，哲学的慰藉正在于此。

叔本华

如此说来，我的著作就显明地在脸上刺着"诚恳坦白"的金印；单凭这一点，我的著作和康德以后三个著名诡辩家（按：指费希特、谢林、黑格尔三人）的作品已迥然有别了。人们无论在什么时候，总会发现我站在反省思维的立场上，即理性的思索和诚实的报道这一立场上，而绝不是站在灵感的立场上。灵感又称为"理性的直观"或"绝对思维"，而它的真名实姓则是瞎吹牛和江湖法术。（《作为意志和表象的世界》第13页）

马二

您的火力还真够猛的，可我喜欢您的坦荡。

叔本华

瞎吹牛（按：费希特和谢林）和江湖法术（按：黑格尔）还享有最高的崇敬；而我则早就对当代人的赞许敬谢不敏了。这个世代再没有荣誉的桂冠可以送人了，它的赞美是猥滥的，它的责备也没有什么意义。完全严肃地说，只有真理是我的北斗星。向着北斗星，开始我只能希求自己的赞许，而完全不理会这个从一切高尚的精神努力的观点看来都是深自沉沦的时代，不理会那连个别例外也随同腐化了的民族文学；而在这种文学里把高雅的辞令和卑鄙的心术结合起来的艺术倒是登峰造极了。我固然永远丢不掉我的缺点、弱点，那是和我的天性必然联系在一起的，如同每人的缺点、弱点都是和每人的天性必然相连的一样；但我将不用卑鄙的逢迎迁就来增加这些缺点、弱点。（《作为意志和表象的世界》第13—14页）

马二

在您看来，知识是目的，还是手段?

叔本华

对于绝大多数的学者来说，他们的知识是手段，而不是目的。这就是为什么这些人永远不会在他们的知识领域里取得非凡的成就，因为要有所建树的话，那他们所从事的知识或者学问就必须是他们的目的，而其他别的一切，甚至他们的存在本身，就只是手段而已。但学者们的学习和研究普遍都是为了应付教学和写作。因此，他们的头脑就像不曾消化食物就把食物排泄出去的胃肠。正因为这样，他们所讲授和写出的东西用处不大，因为从未经消化的排泄物中人们是得不到养分的，而只有经血液分离出来的奶汁才可以营养我们。（《叔本华美学随笔》第171页）

马二
您的哲学系统是不是很复杂？

叔本华
复杂？我想传达的只是一个单一的思想。通常，一个思想的系统总得有一个结构上的关联：其中总有一部分托住另一部分，但后者并不反过来托住前者；而是基层托住上层，却不为上层所托起；上层的顶峰则只被托住，却不托起什么。与此相反，一个单一的思想，不管它的内容是如何广泛，都必须保有最完整的统一性。即令是为了传达的方便，让它分成若干部分，这些部分间的关联仍必须是有机的：其中每一部分都同样涵蕴着全体，正如全体涵蕴着各个部分一样；

没有哪一部分是首，也没有哪一部分是尾。整个思想通过各个部分而显明，而不预先理解全部，也不能彻底了解任何最细微的部分。（《作为意志和表象的世界》第1-2页）

马二
这不就是有机体吗？

叔本华
一点不错，就内容而言就是这么相像。但在形式上一本书总得以第一行开始，以最后一行结尾；在这方面就很不和有机体相像了。结果是形式和内容在这儿就处于矛盾的地位了。（《作为意志和表象的世界》第2页）

马二
那如何深入您要表达的思想呢？

叔本华
除了将这本书阅读两遍之外，别无良策可以奉告；而且还必须以很大的耐性来读第一遍。要相信卷首以卷尾为前提，几乎同卷尾以卷首为前提是一样的；相信书中每一较前面的部分以较后面的部分为前提，几乎和后者以前者为前提是一样的。（同上）

马二
您的思维是圆周形的。

叔本华
很好的比喻！不是金字塔，是圆，浑然一体的圆。

马二

在写《作为意志和表象的世界》之前，您还出版过《充分根据律的四重根》对吗？

叔本华

那是一篇哲学论文，可以当作前者的序论来读。只有在人们由于那篇论文而充分认识了根据律之后：认识它是什么，意味着什么，对什么有效，对什么无效，认识到根据律并不在一切事物之先，全世界也不是先要遵从并符合根据律，作为由根据律推论来的必然结果才有的；倒不如说这定律只不过是一个形式；假如主体正是进行认识的个体，那么，常以主体为条件的客体，不论哪种客体，到处都将在这种形式中被认识：只有认识了这些之后，才有可能深入这里（按：指《作为意志和表象的世界》）第一次试用的方法，完全不同于过去一切哲学思维的方法。（《作为意志和表象的世界》第4页）

马二

您的前辈康德呢？是不是还要熟悉他的哲学？

叔本华

是的。康德的主要著作真正是对精神说话的，它们在精神上所产生的效果，虽在别的地方也有人这样说过，我认为在事实上很可比作给盲人割治翳障的外科手术。如果我们再继续比喻，那么，我的目的就是要把一副黑色眼镜送到那些割治手术获得成功的病人手里。但

是，他们能使用这副眼镜，毕竟要以那手术本身为必要的条件。因此，尽管我在很大限度内是从伟大的康德的成就出发的，但也正是由于认真研读他的著作使我发现了其中一些重大的错误。为了使他那学说中真纯的、卓越的部分经过清洗而便于作为论证的前提，便于应用起见，我不得不分别指出这些错误，说明它们的不当。但是，为了不使批评康德的这些驳议经常间断或干扰我自己的论述，我只得把这些驳议放在本书卷末特加的附录中（按：指《康德哲学批判》）。如上所说，本书既以康德哲学为前提，那么，熟悉这附录部分也就同样是前提了。（《作为意志和表象的世界》第5页）

马二
此外呢？

叔本华

如果读者还在神明的柏拉图学院中留连过，那么，他就有了更好的准备，更有接受能力来倾听我的了。如果读者甚至还分享了《吠陀》（按：印度最古的梵文文献）给人们带来的恩惠，而由于《邬波尼煞昙》（按：亦称《奥义书》，是古印度宗教哲学典籍）给我们敞开了获致这种恩惠的入口，接受了远古印度智慧的洗礼，并已消化了这种智慧；那么，他也就有了最最好的准备来倾听我要对他讲述的东西了。（《作为意志和表象的世界》第6页）

马二
您的要求不但多，而且高。

叔本华
我只是实话实说而已。因为不满足我所提出的要求，即令读完这本书也不能有什么收获，所以根本就可以丢开不读。（《作为意志和表象的世界》第7页）

马二
《作为意志和表象的世界》在问世之后的很多年里都得不到世人的理解和关注，您难过吗？

叔本华
难过有用吗？谁要是认真对待，认真从事一件不产生物质利益的事情，就不可打算当代人的赞助。（《作为意志和表象的世界》第9页）人们必须是为事情本身而干它，否则它便不能成功；这是因为无论在什么地方，任何意图对于正确见解说来，总是危险。因此，每一件有价值的事物，如学术史上一贯证明了的那样，都要费很长久的时间才能获得它的地位和权威；尤其是有教育意义而不是娱乐性质的那类事物，更是如此。在这期间，假东西就大放光芒了。（《作为意志和表象的世界》第10页）

马二

那您心目中的读者是?

叔本华

不是为了同时代的人们，不是为了同祖国的人们，而是为了人类，我才献出这本书。我在这样的信心中交出它，相信它对于人类不会没有价值；即令这种价值，如同任何一种美好的事物常有的命运一样，要迟迟才被发觉。(《作为意志和表象的世界》第9页)这命运规定真理得有一个短暂的胜利节日，而在此前此后两段漫长的时期内，却要被诅咒为不可理解的或被蔑视为琐屑不足道的。前一命运惯于连带地打击真理的创始人。但人生是短促的，而真理的影响是深远的，它的生命是悠久的。让我们谈真理吧。(《作为意志和表象的世界》第8页)

第 二 幕

第一场　物物而不物于物

马大
您是怎么看待"物"的呢？

庄子
这样有这样的道理，那样有那样的根据。物固有所然，物固有所可。无物不然，无物不可。(《齐物论》)

马大
既然各有各的道理，那岂不是没有共同的是非标准了吗？

庄子
是非是相对的：彼亦一是非，此亦一是非。是亦一无穷，非亦一无穷。(《齐物论》)

马大
愿闻其详。

庄子
人睡在潮湿的地方会腰疼偏瘫，泥鳅会这样吗？人待在树上会吓得发抖，猿猴会这样吗？请问三者有共同的居住标准吗？人吃粮食，麋鹿吃草，蜈蚣吃蛇，猫头鹰吃老鼠。请问四者有共同的饮食标准吗？猵狙跟雌猿配对，麋跟鹿配对，泥鳅跟鱼配对。毛嫱、丽姬是人们眼中的美女，可是鱼、鸟、麋鹿见了她们就逃。请问四者有共同的审美标准吗？

民湿寝则腰疾偏死，鳅然乎哉？木处则惴栗恂惧，猨猴然乎哉？三者孰知正处？民食刍豢，麋鹿食荐，蝍蛆甘带，鸱鸦嗜鼠，四者孰知正味？猨猵狙以为雌，麋与

鹿交，鳅与鱼游。毛嫱、丽姬，人之所美也；鱼见之深入，鸟见之高飞，麋鹿见之决骤，四者孰知天下之正色哉？（《齐物论》）

马大

人跟动物的标准不同，人跟人的标准也不同。是是非非，真够乱的!

庄子

公说公有理，婆说婆有理，哪里辩的清楚？

马大

那么辩论是无益的喽？

庄子

我跟你辩，你胜了，我说不过你，你就对了吗？我胜了，你说不过我，我就对了吗？是一个对一个错呢？还是两个都对或两个都错呢？我不知道你的意思，你也不知道我的意思，我请谁来做裁判呢？请赞同你的来裁判，既然他赞同你，怎么能裁判呢？请赞同我的来裁判，既然他赞同我，怎么能裁判呢？请不赞同我跟你的来裁判，既然他不赞同我跟你，又怎么能裁判呢？请赞同我跟你的来裁判，既然他赞同我跟你，又怎么能裁判呢？我跟你跟他都不能互相理解，还要再等另一个裁判吗？

既使我与若辩矣，若胜我，我不若胜，若果是也？我果非也邪？我胜若，若不吾胜，我果是也？而果非也邪？其或是也？其或非也邪？其俱是也？其俱非也邪？我与若不能相知也，则人固受其黮暗，吾谁使正之？使同乎若者正之，既与若同矣，恶能正之? 使同乎我者正之, 既同乎我矣, 恶能正之? 使异乎我与若者正之, 既异乎我与若矣, 恶能正之? 使同乎我与若者正之, 既同乎我与若矣, 恶能正之? 然则我与若与人俱不能相知也, 而待彼也邪?(《齐物论》)

马大

哈哈, 那么人与物到底是隔还是不隔?

庄子

那就要看这个人的水平了。隔的人, 这也不行, 那也不行, 条条框框多得很; 不隔的人, 随便怎样都行, 天地与我并生, 而万物与我为一。(《齐物论》)

马大

这不是您的"齐物论"吗?

庄子

对啊。

马大

万物明明是不齐的, 十个指头还有长短, 您却主张"齐物", 这究竟是怎么一回事呢?

庄子

长短是相对的, 没有绝对的长, 也没有绝对的短。但就万物本身来说, 无所谓长短。

《秋水》: 万物一齐, 孰短孰长。

不要用人为的标准去框住事物的本性, 框住事物的同时也框住了自己。小草和大柱, 丑妇和美女, 一切奇形怪状的东西, 从道的观点看, 都是相通为一的。

举莛与楹, 厉与西施, 恢恑憰怪, 道通为一。(《齐物论》)

马大

照此说来，
有用和无用也是相对的。

庄子

正是。我的老朋友惠施告诉我，魏王送他一些大葫芦的种子，种下去以后，结出来的葫芦有五石那么大。用它盛水浆，实在不够坚固；切开做瓢又太浅，装不了什么东西。他想不出这大葫芦能派什么用，就把它给打破了。

马大

可惜。

庄子

可惜什么？

马大

大葫芦可以看，可以摸，可爱得很，当个玩具不好吗？

庄子

好得很！总算你还没被塞住。我跟惠施说："先生你实在是不会用大的东西。你有五石大的葫芦，为什么不把它绑在腰上做个腰舟，到江湖上去漂一漂呢？不是很逍遥吗？为什么一定要用它来装水呢？先生你还是不通啊！"

惠子谓庄子曰："魏王贻我大瓠之种，我树之成而实五石。以盛水浆，其坚不能自举也。剖之以为瓢，则瓠落无所容。非不呺然大也，吾为其无用而掊之。"庄子曰："夫子固拙于用大矣。……今子有五石之瓠，何不虑以为大樽而浮乎江湖，而忧其瓠落无所容？则夫子犹有蓬之心也夫！"
（《逍遥游》）

马大
惠施先生怎么说?

庄子
他不罢休，又说，他有一棵大树，名叫樗，就是俗名臭椿的。树干疙疙瘩瘩，不中绳墨，树枝弯弯曲曲，不合规矩，长在路边，木匠连看也不看。他说我庄周讲的话，就跟这棵树一样，大而无用，没人要听。

马大
您怎么说?

庄子
我说："你没见过野猫吗? 低着身子守候猎物，东奔西跑，上蹿下跳，结果中了猎人的机关，死在网罗里。再看那牦牛，身子大得像天边的云，却不会捕鼠。现在你有这么一棵大树，却担心它没有用处，为什么不把它种在无何有之乡，种在空旷的野地上，你就可以悠闲自得地在它旁边散步，逍遥自在地在它底下睡觉了。大树不会遭到砍伐，也没什么东西会伤害它，既然无用，何来困苦?"

惠子谓庄子曰："吾有大树，人谓之樗。其大本臃肿而不中绳墨，其小枝卷曲而不中规矩。立之涂，匠者不顾。今子之言，大而无用，众所同去也。"庄子曰："子独不见狸狌乎? 卑身而伏，以候敖者；东西跳梁，不辟高下；中于机辟，死于罔罟。今夫斄牛，其大若垂天之云。此能为大矣，而不能执鼠。今子有大树，患其无用，何不树之于无何有之乡，广莫之野，彷徨乎无

为其侧，逍遥乎寝卧其下。不夭斤斧，物无害者，无所可用，安所困苦哉！"（《逍遥游》）

马大

因为无用，大树不但保全了性命，还能给人提供方便，成为休息的场所，从这个角度讲，大树又是有用的。

庄子

所以，有用和无用既是相对的，又是一体的。惠施认为我说的话是无用的，我说："知道无用才可以跟他谈有用。比如你站在大地上，所用的也就是脚下的一小块地而已。如果把其余不用的地全部挖掉，一直挖到黄泉，那么你站立的那一小块地还有用吗？"

马大

当然没用了。

庄子

那么无用的用处也就明白了。

惠子谓庄子曰："子言无用。"庄子曰："知无用而始可与言用矣。夫地，非不广且大也，人之所用容足耳。然则厕足而垫之致黄泉，人尚有用乎？"惠子曰："无用。"庄子曰："然则无用之为用也亦明矣。"（《外物》）

马大

人家都说有用之用，您却说无用之用。

庄子

不是我故意唱反调，只是换个角度看问题。

马大
您的"齐物论"也是换个角度看问题吗？

庄子
可以这么说。"齐物"是用"道"的观点看问题，"道"不在万物之外，就在万物之中，就是万物的性命之情。

马大
性命之情？

庄子
对啊，你的性命之情是什么？就是道。

马大
这不也是一刀切吗？

庄子
一刀切又怎么样？关键要看这是一把什么刀，是以物为刀，还是以道为刀？

马大
怎么说？

庄子
以物为刀，就是拿我的是非标准强加在你的头上。以道为刀，就是肯定天地万物都有其存在的理由和价值。

马大
原来如此！很多人都说您的"齐物论"是要抹杀万物的差别，原来根本不是那么回事。

庄子
千差万别，千变万化，怎么抹杀？不过是得其环中，因物付物，站在绝对的立场上解决相对的问题。

马大
很多人都说您的"逍遥游"可爱不可信,是不切实际的幻想。

庄子
幻想?不入人间世,哪来逍遥游!

马大
愿闻其详。

庄子
颜渊要到齐国去,孔子很担心,子贡问先生您这是怎么了?孔子说:"管子有句话说得好:'小袋子装不了大东西,短绳子汲不起深井水。'天生万物,各有其分,不可随意增减。我担心颜回跟齐王讲尧、舜、黄帝的道理,外加燧人氏、神农氏的言论。齐王就会反省自己,但又不能理解,不理解就要纠结,一纠结,颜回就要没命了。"

颜渊东之齐,孔子有忧色。子贡下席而问曰:"小子敢问:回东之齐,夫子有忧色,何邪?"孔子曰:"善哉汝问。昔者管子有言,丘甚善之,曰:'褚小者不可以怀大,绠短者不可以汲深。'夫若是者,以为命有所成而形有所适也,夫不可损益。吾恐回与齐侯言尧、舜、黄帝之道,而重以燧人、神农之言。彼将内求于己而不得,不得则惑,人惑则死。"(《至乐》)

马大
还是孔子想的周到。

庄子
哪里是幻想办得到的?不讲实际,就要挨打,至少也要挨骂。有一次,我家里遇到困难,等米下锅,只好跑去跟监河侯借粮。他说:

"行啊！不过我现在没有钱，等收到封邑的租税后，再借给你三百金，可以吗？"

马大

那要等到什么时候啊？

庄子

所以嘛，我当时很生气，就跟他说："昨天我来的时候，半道上听见有人叫我，回头一看，原来是车辙里有条鲫鱼。我问它：'鲫鱼啊，你怎么啦？'鲫鱼说：'我是东海龙王的水臣，您救救我，给我一点水吧！'我说：'行啊！我到南方去游说吴王和越王，请他们帮忙引西江之水来迎接你，可以吗？'鲫鱼很生气，说：'我已经无家可归，连个安身之处也没有。现在只要升斗之水就能活命，你却说出这种话，那还不如乘早到干鱼店去找我呢！'"

庄周家贫，故往贷粟于监河侯。监河侯曰："诺。我将得邑金，将贷子三百金，可乎？"庄周忿然作色曰："周昨来，有中道而呼者，周顾视车辙，中有鲋鱼焉。周问之曰：'鲋鱼来，子何为者耶？'对曰：'我，东海之波臣也。君岂有斗升之水而活我哉！'周曰：'诺。我且南游吴越之王，激西江之水而迎子，可乎？'鲋鱼忿然作色曰：'吾失我常与，我无所处。我得斗升之水然活耳。君乃言此，曾不如早索我于枯鱼之肆！'"（《外物》）

马大
真是岂有此理！

庄子
光说空话，不办实事，到底是我不切实际，还是他们不靠谱？

马大
什么是逍遥？

庄子
逍遥者，无拘无束，自由自在也。逍遥需要条件，有其领域：大船无深水不能逍遥，大翼无厚风不能逍遥。

水之积也不厚，则其负大舟也无力。
……风之积也不厚，则其负大翼也无力。
（《逍遥游》）

越国地近江湖，人们根本就不戴帽子，宋国人自以为是，跑到越国推销自家的礼帽，怎么行得通，怎么逍遥？

宋人资章甫而适诸越，越人断发文身，无所用之。（《逍遥游》）

马大
我有点明白了。

庄子
你听过庖丁解牛的故事吗？他给文惠君宰牛，手之所触，肩之所倚，足之所履，膝之所抵，刀子发出哗哗、唰唰的声音，十分好听，仿佛在跳桑林舞，又像在演奏经首乐。文惠君说："哇，好极了！技术怎么这么高呢？"庖丁放下刀子，回答说："臣爱好的是道，比技术更进一步。记得我刚学宰牛的时候，看见的无非是一整头牛。三年之后，目无全牛了。现在，我用心神而不用眼睛，感官知觉停了下来，任凭精神在那里运行。顺着牛的天然肌理，把刀劈进大的缝隙，穿过骨节的空虚处，完全因循牛的本来结构。筋络聚结、骨肉相连的地方都不去碰，何况那些大骨头呢！好的厨子一年换一把刀，他们是在用刀割肉；一般的厨子一个月换一把刀，他们是在用刀砍骨头。我这把刀已经用了十九年，宰过数千头牛，刀刃还像刚刚磨过一样。牛的筋骨间有空隙，刀刃却没厚度，将没厚度的刀刃送入有空隙的筋骨，当然游刃有余了。所以这把刀用了十九年还像刚磨过一样。虽然如此，每当碰到筋骨盘结、不易下手的地方，我就格外小心，目光专注，动作缓慢，刀子微微一动，牛就哗啦一下子解体了，好像泥土堆在地上。这时，我提刀而立，环顾四周，踌躇满志，再把刀擦干净，收藏起来。"文惠君说："好极了！听了庖丁这一番话，我知道该如何养生了。"

庖丁为文惠君解牛，手之所触，肩之所倚，足之所履，膝之所踦，砉然响然，奏刀騞然，莫不中音，合于桑林之舞，乃中经首之会。文惠君曰："嘻，善哉！技盖至此乎？"庖丁释刀对曰："臣之所好者道也，进乎技矣。始臣之解牛之时，所见无非全牛者；三年之后，未尝见全牛也；方今之时，臣以神遇而不以目视，官知止而神欲行。依乎天理，批大郤，导大窾，因其固然。技经肯綮之未尝，而况大軱乎！良庖岁更刀，割也；族庖月更刀，折也；今臣之刀十九年矣，所解数千牛矣，而刀刃若新发于硎。彼节者有间，而刀刃者无厚，以无厚入有间，恢恢乎其于游刃必有余地矣。是以十九年而刀刃若新发于硎。虽然，每至于族，吾见其难为，怵然为戒，视为止，行为迟，动刀甚微，謋然已解，如土委地。提刀而立，为之而四顾，为之踌躇满志，善刀而藏之。"文惠君曰："善哉！吾闻庖丁之言，得养生焉。"（《养生主》）

马大

这个庖丁太有天分了！

庄子

光有天分是不行的，还得专注在一件事上持之以恒。

马大

在解牛这件事上，他已经从必然王国飞到自由王国了。

庄子

道无止尽，你没看他在最难解决的地方，还是很小心的吗？庖丁逍遥的关键，就在于他懂得牛的道理，能够非常自然地顺着牛的理路去运刀，"官知止而神欲行，依乎天理"，感官知觉停在那里不动了，纯粹是用精神运行，这就叫物我两忘、主客不分，在这个最佳状态上，随心所欲，就是顺物自然。

马大

先生说得真好！从庖丁解牛，可以联想到其他领域，术业有专攻，但道理是相通的。

庄子

所以他会说，相比于解牛这门技术，他更爱其中包含的自然之道。

马大

我觉得解牛就是齐物，依乎天理，因其固然，推之于天地万物，无不如此。

庄子

嗯！哪一个领域没有逍遥的人呢？因此，我提出了"至人"的逍遥。

马大

至人？

庄子

至人神啊！乘云气，骑日月，遨游于四海之外，连死生都不放在心上，何况利害这点区区小事呢？

至人神矣！乘云气，骑日月，而游乎四海之外，死生无变于己，而况利害之端乎！（《齐物论》）

顺应天地万物的自然本性，驾驭阴阳风雨晦明的变化，遨游于无穷的境地，他还要依靠什么呢？

乘天地之正，而御六气之辩，以游无穷者，彼且恶乎待哉！（《逍遥游》）

有所依靠，必要得到这个依靠才能逍遥；无所依靠，随便怎样都行。所以说，他是朴素而天下莫能与之争美（《天道》），立足"人间世"的理想之美，才是"逍遥游"的魅力所在。

马大
齐物和逍遥是什么关系呢?

庄子
不能齐物,哪来逍遥? 物物而不物于物(《山木》),只有超越相对的物,才能进入绝对的道。

马大
什么是超越?

庄子
超越不是否定,不是脱离,而是打破相对的束缚,以相对为一体。

马大
您越说越抽象了。

庄子
作为认知、言论对象的"物"是相对的,因此,以"物"为对象的"知"或"论"也是相对的。大小、长短、是非、美丑、善恶、贵贱、成毁、生死等等,这些都是以"物"为对象的"知"或"论",所以也都是相对的。

马大
晕倒!
齐物道遥,原来如此,世人对您的误解可以休矣。

庄子
哪里休得了? 让他们去说吧。孔夫子不是讲过嘛,"人不知而不愠,不亦君子乎"。

马大
咦,您好像挺喜欢孔夫子的,讲故事的时候经常请他出来扮演主要角色。

庄子
对啊,孔夫子唱戏,谁会不听呢? 我这叫寓言、重言、卮言三位一体。

马大
怎么说？

庄子
寓言就是借外物之口说话，可以是人，也可以是动物植物。

寓言十九，藉外论之。（《寓言》）

重言就是借老人之口说话，比如孔夫子。

重言十七，所以已言也，是为耆艾。（《寓言》）

卮言嘛，你见过卮这种酒器吗？满则倾，空则仰，没有一成不变的形态，借来比喻那些随心所欲的漫谈，仿佛行云流水，自然而然，每天更新，层出不穷，嗯，这样也就可以优哉游哉地过日子了。

卮言日出，和以天倪，因以曼衍，所以穷年。（《寓言》）

马大
对哦，借孔夫子之口讲故事，既是寓言，又是重言，讲的还是您的心里话，这个三位一体也真够绝的！

庄子
我是姑妄言之，你就姑妄听之吧。

第二场　因为意志要这样

马二
我是什么?

叔本华
我就是我。

马二
世界是什么?

叔本华
"世界是我的表象":这是一个真理,是对于任何一个生活着和认识着的生物都有效的真理;不过只有人能够将它纳入反省的、抽象的意识罢了。并且,要是人真的这样做了,那么,在他那儿就出现了哲学的思考。于是,他就会清楚而确切地明白,他不认识什么太阳,什么地球,而永远只是眼睛,是眼睛看见太阳;永远只是手,是手感触着地球;就会明白围绕着他的这世界只是作为表象而存在着的;也就是说这世界的存在完全只是就它对一个其他事物的,一个进行"表象者"的关系来说的。这个进行"表象者"就是人自己。如果有一真理可以先验地说将出来,那就是这一真理了;因为这真理就是一切可能的、可想得到的经验所同具的那一形式的陈述。它比一切,比时间、空间、因果性等更为普遍,因为所

freie Stadt Danzig

25

Schopenhauer 1788-1860

有这些都要以这一真理为前提。我们既已把这些形式都认作根据律的一些特殊构成形态，如果其中每一形式只是对一特殊类型的表象有效，那么，与此相反，客体和主体的分立则是所有那些类型的共同形式。（《作为意志和表象的世界》第25-26页）

马二
什么叫客体和主体的分立？

叔本华
客体主体分立是这样一个形式：任何一个表象，不论是哪一种，抽象的或直观的，纯粹的或经验的，都只有在这一共同形式下，根本才有可能，才可想象。因此，再没有一个比这更确切，更不依赖其他真理，更不需要一个证明的真理了；即是说：对于"认识"而存在着的一切，也就是全世界，都只是同主体相关联着的客体，直观者的直观；一句话，都只是表象。（《作为意志和表象的世界》第26页）

马二
这是您的发现吗？

叔本华
不，这个真理绝不新颖。它已包含在笛卡尔所从出发的怀疑论观点中。不过贝克莱是断然把它说出来的第一人；尽管他那哲学的其余部分站不住脚，在这一点上，他却为哲学作出了不朽的贡献。

马二
"世界是我的表象"，这是唯一的真理吗?

叔本华
不，还有另一真理。这一真理，可不如我们这里所从出发的那一个，是那么直接明确的，而是只有通过更深入的探讨，更艰难的抽象和"别异综同"的功夫才能达到的。它必然是很严肃的，对于每一个人纵不是可怕的，也必然是要加以郑重考虑的。这一个真理就是每人，他自己也能说并且必须说的："世界是我的意志。"(《作为意志和表象的世界》第27页)

马二
什么是意志?

叔本华
意志就是单独构成世界另外那一面的东西;因为这世界的一面自始至终是表象，正如另一面自始至终是意志。至于说有一种实在，并不是这两者中的任何一个方面，而是一个自在的客体(康德的"自在之物"可惜也不知不觉的蜕化为这样的客体)，那是梦呓中的怪物;而承认这种怪物就会是哲学里引人误入迷途的鬼火。(《作为意志和象的世界》第28页)

马二

世界为什么会变成现在这样子?

叔本华

这世界所以恰好是这样一个世界，乃是因为这意志——它的现象即世界——是这样一个意志，乃是因为意志要这样。(《作为意志和表象的世界》第451页)

马二

比如说?

叔本华

我看见过一朵野花，并被这花的美丽、这花各个部分的完美所倾倒。我大声叫了起来："难道像你，还有其他像你一样美丽的花朵，就是这样花开花落，得不到别人的欣赏，甚至难得有一双眼睛对你们瞟上一眼?"野花回答我说："傻瓜!你以为我开花是为了给别人看的吗?我开花是为了我自己，而不是因为别人的缘故。我开花是因为我喜欢开花。我活着，我开花，这就是我的愉快和乐趣所在。"(《叔本华美学随笔》第163页)

马二

"草木有本心,何求美人折?"

叔本华

是啊，本心，多么可爱!可这东西现在值几块钱呢?这是一个"开窍"的时代，是一个假东西流行的时代，是一个"别让你的孩子输在起跑线上"的时代。

马二
怎么? 您的时代已经如此了吗?

叔本华
亲爱的,十九世纪已经过去一半了。一位母亲把一本《伊索寓言》给了她的孩子们,希望她的孩子能够受到教育和取得进步。但孩子们很快就把书还给了母亲。那位最大的、一脸老成的孩子是这样说的:"这本书不适合我们读! 太过幼稚,也太过愚蠢了。我们不会再上当,不会真的还以为狐狸、狼、乌鸦能够说话;我们早就过了看这些瞎胡闹的年纪了!"从这些充满希望的孩子身上,谁还会看不出将来的自以为开了窍的理性主义者呢?(《叔本华美学随笔》第167页)

马二
我们的身体也是意志的现象吗?

叔本华
是的。唯独意志才是不可消亡的,而我们的身体就是这意志的作品,或者毋宁说是意志的映像。把意志和认知严格区别开来,以及认识到意志是占主导地位——这是我的哲学的根本特征——是破解下面的矛盾的唯一锁匙。这一矛盾就是:死亡就是我们的终结,但我们肯定是永恒和不可消亡的,亦即斯宾诺莎那一句,"我们感觉到,也体验到我们是永恒不朽的"。(《叔本华美学随笔》第246页,"意志"原作"意

欲"，为避免歧义，统改为"意志"，下同）

马二
智力呢？

叔本华
所有的哲学家都犯了这样一个错误：都认为人里面形而上的、不可消亡的、永恒的成分就是智力。其实，这样的成分唯独只存在于意志里面，而意志是完全有别于智力的；并且，只有意志才是原初的。智力是次要的现象，它是以脑髓为条件，因此是与脑髓一道开始和终结。唯独意志才是前提条件，是整个现象的内核，所以，意志不受现象形式的束缚，而时间则是这现象形式当中的一种；意志因而也是不可消亡的。因此，各种意识随着死亡而消失，但一起消失的可不是产生和维持这意识的东西；生命熄灭了，但与之一齐熄灭的却不是在这生命里面显现的、产生生命的原则。所以，某一确凿肯定的感觉会向每一个人说：在他的身上有着某样绝对是不可消亡的东西。甚至对那遥远的过去、对我们幼时的生动和清新的回忆，也证实了在我们的身上有着某样并不曾随着时间一起流失、衰老的东西；这东西岿然不动、持久不变，但这一不会消逝的东西究竟是什么，我们却又无法说

58

得清楚。这既不是意识，也不是意识所依赖的身体。这应该说是身体以及意识所依靠的基础。(《叔本华美学随笔》第246–247页)

马二
您觉得人生是什么?

叔本华
人生就是痛苦。

马二
为什么?

叔本华
我们既已在无知无识的自然界看到大自然的内在本质就是无端的追求挣扎，无目标无休止的追求挣扎;那么，在我们考察动物和人的时候，这就更明显地出现在我们眼前。欲求和挣扎是人的全部本质，完全可以和不能解除的口渴相比拟。但是一切欲求的基地却是需要，缺陷，也就是痛苦;所以，人从来就是痛苦的，由于他的本质就是落在痛苦的手心里的。如果相反，人因为他易于获得的满足随即消除了他的可欲之物而缺少了欲求的对象，那么，可怕的空虚和无聊就会袭击他，即是说人的存在和生存本身就会成为他不可忍受的重负。所以人生是在痛苦和无聊之间像钟摆一样的来回摆动着;事实上痛苦和无聊两者也就是人生的两种最后成分。下面这一事实很奇特地，也必然地道破这一点：在人们把一切痛苦和折磨都认为是地狱之后，给天堂留下来的除闲着无聊之外就再也没有什么了。（《作为意志和表象的世界》第424-425页）

马二
那什么是幸福？

叔本华
痛苦的解除就是幸福。

马二
痛苦从哪里来？

叔本华
来自饥饿，来自需要，来自我们内心深处的欲望，无法满足却又无所不在的欲望乃是意志的化身。人作为这意志最完善的客体化，相应地也就是一切生物中需要最多的生物了。人，彻底是具体的欲求和需要，是千百种需要的凝聚体。人带着这些需要而活在世上，并无依傍，完全要靠自己；一切都在未定之天，唯独自己的需要和困乏是肯定的。据此，整个的人生在这样沉重的、每天开门相见的需求之下，一般都充满着为了维护那生存的忧虑。直接和这忧虑连在一起的又有第二种需求，种族绵延的需求。同时各种各样的危险又从四面八方威胁着人，为了避免这些危险又需要经常的警惕性。他以小心翼翼的步伐，胆战心惊地向四面瞭望而走着自己的路，因为千百种偶然的意外，千百种敌人都在窥伺着他。在荒野里他是这样走着，在文明的社会里他也是这样走着，对于他到处都没有安全。（《作为意志和表象的世界》第425-426页）

第 三 幕

第一场　大人无己

马大
您是怎么看待知识的？

庄子
知道什么是天，知道什么是人，这就可以了。知道什么是天，就会懂得万物都是天生的，本来如此；知道什么是人，就会用他所知道的去保养他所不知道的，这样就能终其天年而不中途夭折，这已经是很高明的知识了。尽管如此，还是有令人担心的地方：知识的恰当与否有待于知识的对象——物，天是物，人也是物，而物其实是变化不定的。怎么知道我所谓的天不是人呢？怎么知道我所谓的人不是天呢？

知天之所为，知人之所为者，至矣。知天之所为者，天而生也；知人之所为者，以其知之所知以养其知之所不知，终其天年而不中道夭者，是知之盛也。虽然，有患：夫知有所待而后当，其所待者特未定也。庸讵知吾所谓天之非人乎？所谓人之非天乎？（《大宗师》）

马大
以天地为大，以毫末为小，可以吗？

庄子
不可以。万物的体量无法穷尽，时间不会停止，得失没有一定，终而复始，没有一成不变的东西。有大

智慧的人既能看到近的，又能看到远的，所以小的不以为少，大的不以为多，知道体量无法穷尽；他会通古今，所以长寿而不厌倦，短命而不企求，知道时间不会停止；他明白有盈有亏，所以得到了也不高兴，失去了也不忧愁，知道得失没有一定；他了解生死之间是一条平坦的大道，所以活着不觉得是幸福，死了也不觉得是灾祸，知道终而复始，没有一成不变的东西。算一下人所知道的，不如不知道的多；活在世上的时间，不如不在世上的时间长；用极为有限的智慧和生命去穷尽无限广大的领域，所以迷乱而不能自得。由此看来，又怎么知道毫末足以确定最小的标准，又怎么知道天地足以穷尽最大的领域呢？

河伯曰："然则吾大天地而小豪末，可乎？"北海若曰："否。夫物，量无穷，时无止，分无常，终始无故。是故大知观于远近，故小而不寡，大而不多，知量无穷。证向今故，故遥而不闷，掇而不跂，知时无止。察乎盈虚，故得而不喜，失而不忧，知分之无常也。明乎坦涂，故生而不说，死而不祸，知终始之不可故也。计人之所知，不若其所不知；其生之时，不若未生之时；以其至小，求穷其至大之域，是故迷乱而不能自得也。由此观之，又何以知豪末之足以定至细之倪，又何以知天地

之足以穷至大之域！"（《秋水》）

马大

人们都说，小可以小到无形，大可
以大到无边。真是这样吗？

世之议者皆曰："至精无形，至大不可
围。"是信情乎？（《秋水》）

庄子

以小观大，看不全面，以大观小，
看不清楚。精，是小中之小；垺，是
大中之大；各有其便利所在，这是
形势使然。精和粗，说的还是有形
的东西。无形的东西，是数量不能
分析的；无边的东西，是数量不能
穷尽的。可以言说的，是事物的粗
浅部分；可以想到的，是事物的精
深部分。说不出、想不到的，就不
是精和粗可以范围的了。

所以伟大的人，不存心害人，不多
施仁恩；做事不功利，不轻贱守门
的差役；不争钱财，不多谦让；办
事不求人，也不多费精力，不鄙视
贪污的人；行为脱俗，但不怪僻；
随俗从众，不鄙视巧言谄媚的人；
高官厚禄他不动心，杀头坐牢也不
觉得耻辱；知道是非无法分清，小
大没有一定。听说："有道的人不
求闻达，高尚的人不计得失，伟大
的人忘了自我。"没有比这更安分
的了。

夫自细视大者不尽，自大视细者不明。夫
精，小之微也；垺，大之殷也；故异便，此
势之有也。夫精粗者，期于有形者也。无
形者，数之所不能分也；不可围者，数之
所不能穷也。可以言论者，物之粗也；可以

意致者，物之精也；言之所不能论，意之所不能察致者，不期精粗焉。

是故大人之行，不出乎害人，不多仁恩；动不为利，不贱门隶；货财弗争，不多辞让；事焉不借人，不多食乎力，不贱贪污；行殊乎俗，不多辟异；为在从众，不贱佞谄；世之爵禄不足以为劝，戮耻不足以为辱；知是非之不可为分，细大之不可为倪。闻曰："道人不闻，至德不得，大人无己。"约分之至也。（《秋水》）

马大

万物的外在，万物的内在，如何区分它们的贵贱？如何区分它们的大小？

若物之外，若物之内，恶至而倪贵贱？恶至而倪小大？（《秋水》）

庄子

用道的观点看，万物没有贵贱之分。用物的观点看，都是自以为贵而以他物为贱。用世俗的观点看，贵贱不在于自己。用差别的观点看，根据它比一些东西大而认为它大，那么万物没有不是大的；根据它比一些东西小而认为它小，那么万物没有不是小的。知道天地虽大，比起更大的东西，可以小的像一粒米，知道毫末虽小，比起更小的东西，可以大的像一座山，那么万物的差别也就明白了。从功用的观点看，根据它比一些东西有用而认为它有用，那么万物没有无用的；根据它比一些东西无用而认为它无用，那么万物没有有用的；知道东和西虽然相反但又不可以相互缺少，那么万物的功用和本分也就确定了。从趣向的观点看，根据

它比一些东西对而认为它对，那么万物没有不是对的；根据它比一些东西错而认为它错，那么万物没有不是错的；知道唐尧和夏桀都认为自己是对的，而对方是错的，那么万物的趣向和操守也就明白了。

当年尧、舜禅让而称帝，燕王哙让位给宰相子之而亡国；汤、武革命而称王，白公胜争夺王位而丧命。由此看来，是争还是让，是尧还是桀，谁贵谁贱，各有其时，不是一成不变的。梁柱可以用来冲击城门，但不能用来堵塞巢穴，这是因为功能不同。良驹骏马日行千里，捉老鼠却不如野猫，这是因为技能不同。猫头鹰夜里能抓跳蚤，明察毫末，可是白天睁大眼睛也看不见山丘，这是因为性能不同。怎么能只要对而不要错，只要治而不要乱呢？这是没有明白天地的道理、万物的实情。这就像只要天而不要地，只要阴而不要阳，显然是行不通的。然而还是说个没完，那不是愚蠢就是欺骗。帝王禅让，三代继位，各有不同。时机不对，违背民俗，就是篡权；时机对了，顺应民俗，就是合法。别再问了，你哪里知道贵贱的标准、小大的尺度！

以道观之，物无贵贱；以物观之，自贵而

不死，冬寒夏暑、飞禽走兽都不能伤害他。不是说他有意去接近这些东西而不受伤，而是说他知道什么地方安全，什么地方危险，无论是祸是福都能从容淡定，当进则进，当退则退，谨慎行事，因此才不会受到伤害。所以说：天然的在里面，人为的在外面，德性在于天然。知道什么是天然，什么是人为，以天然为本，安于本分，随时进退，能屈能伸，这就抓住了要害，说到了本质。

知道者必达于理，达于理者必明于权，明于权者不以物害己。至德者，火弗能热，水弗能溺，寒暑弗能害，禽兽弗能贼。非谓其薄之也，言察乎安危，宁于祸福，谨于去就，莫之能害也。故曰：天在内，人在外，德在乎天。知天人之行，本乎天，位乎得，蹢躅而屈伸，反要而语极。（《秋水》）

马大

什么是天然？什么是人为？

何谓天？何谓人？（《秋水》）

庄子

牛马四只脚，这是天然；给马头套上辔衔，给牛鼻子穿绳，这是人为。所以说，不要用人为去毁灭天然，不要用世故去戕害生命，不要为了名声去牺牲德性。谨慎地守护天性而不使其丧失，这就叫作返璞归真。

牛马四足，是谓天；落马首，穿牛鼻，是谓人。故曰：无以人灭天，无以故灭命，

无以得殉名。谨守而勿失，是谓反其真。（《秋水》）

庄子

不需刻意而自高，不谈仁义而自修，不求功名而自治，不处江海而自闲，不做导引而自寿，无所不忘，无所不有，淡然无极而众美从之。这才是天地之道，圣人之德。

若夫不刻意而高，无仁义而修，无功名而治，无江海而闲，不道引而寿，无不忘也，无不有也，淡然无极而众美从之。此天地之道，圣人之德也。（《刻意》）

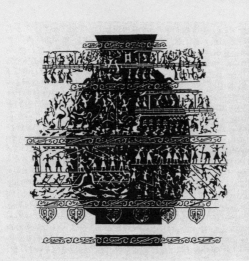

第二场 在直观中遗忘自己

马二

理性认知的价值何在？

叔本华

知或抽象认识的最大价值在于它有传达的可能性和固定起来被保存的可能性。任何人固然能够在单纯的悟性中，当下直观地认识到自然物体变化和运动的因果关系，可因此而十分得意；但是为了传达于别人，那就要先把直观认识固定为概念才能合用。譬如一个精于台球的人，对于弹性物体相撞击的规律，他拥有纯悟性上的完整知识；这虽仅是对于当前的直观认识，但是对于他的球艺已是绰有余裕了。与此不同的是，唯有一个有学问的力学家才能对于这些规律真正有所知，也就是说只有他才有抽象的认识。甚至于像制造一部机器，如果这位发明人是独自工作的，单纯直观的悟性认识也就足够应用了；这是我们在天才卓越而无任何科学知识的手艺工人那里经常看到的。与此相反，如果是要完成一个力学上的工程、一部机器、一座建筑物而需要一些人，需要这一些人协同的，在不同时间上进行的活动，那么，这一活动的领导人就必须先在抽象中拟好一个计划，只有借助于理性才可能有这样的协同活动。(《作为意志和表象的世界》第95–96页)

马二
在艺术上也如此吗？

叔本华
是的。理性在艺术上也有同样的功能：在主要的方面，理性固然无能为力，但可以支持艺术工作的进展；因为人的天才是不能随时随刻召之即来的，而一件作品却要一部分一部分的去完成才能圆满地结束整个的工程。(《作为意志和表象的世界》第99页)

马二
理性认知的局限又何在？

叔本华
独自一人想要在不间断的活动中完成什么的时候，知，理性的应用，思索，反而可能常是一种障碍；例如在台球游戏中，在击剑中，在管弦调音中，在歌唱中，就是这样。在这些场合，必须是直观认识直接指导活动；如果搀入思索，反会使这些活动不恰当，因为思索反而会使人分心而迷乱。(《作为意志和表象的世界》第96页)

马二

得不假思索才行。

叔本华

对。一切真正的艺术只能从直观认识出发，而绝不能从概念出发。如果一位歌唱家或音乐家用反复思索来指导他的演出，那就会是死症。这种情况在作曲家、画家乃至诗人，也是一样的真实。概念用于艺术总是无结果的。概念只能指导艺术中的技术部分，那是属于学术领域的。甚至在人的举止方面，在社交中的美好风度上，概念也只有消极的用处，只能防止粗暴的自私自利心和兽性的发作；因此，彬彬有礼就是概念的产物，值得赞美。但是风度翩翩、雍容华贵、令人倾慕的举止；情意缠绵、友谊洋溢的格调就不可能出自概念了，否则"人们感到了你的意图，人们灰心丧气了"（歌德《浮士德》诗剧中米菲斯特语）。一切伪装的假情假意都是思索的产物，但是不能继续持久而不露破绽。在生活的紧急关头，需要当机立断，敢作敢为，需要迅速和坚定地对付事故时，虽然理性也是必要的，但是如果理论占了上风，那反而要以心情迷乱妨碍直觉的、直接的、纯悟性的洞见和正确地掌握对策，从而引起优柔寡断，那就会很容易把全局弄糟。（《作为

作为意志和表象的世界

〔德〕叔本华 著

商务印书馆

意志和表象的世界》第97–98页）

马二

我认为美德也是这样的，发自真心，不假思索。

叔本华

是的。美德的神圣性出于意志的内在深处和这深处与认识的关系。有关伦理的信条在整个民族的理性中可以相同，可是每人的行为却各有不同；相反亦然（行为相同，有关伦理的信条有各有别）：人们常说，行为是以感为依据的，即是说不以概念，也就是不以伦理的含蕴为依据的。教条只使有闲的理性为它忙碌，行为到了最后还是立于教条之外有它自己的走法；并且多半不是按抽象的而是按没有说出来的规范行事的，而这些规范的表现就是整个的人自己。因此，尽管各个民族的宗教教条各不相同，然而在一切民族，若有善行则有难以形容的快慰，若有恶行则有无限的痛恶与之俱来。冷嘲热讽不能动摇前者，神父的赦免不能解脱后者。话虽如此，但我们也不能因此就否认美德懿行的实现仍有应用理性的必要，不过理性不是德行的源泉罢了。理性的功能是次一级的，就是帮助人固执已有的决心，经常把规范置于人们的左右，以抗拒一时的意志薄弱，以贯彻行为的始终。

作为意志和表象的世界

（德）叔本华 著

（《作为意志和表象的世界》第98-99页）

马二

概念无法限定真理，正如书本无法穷尽生活。书本企图将生活知识化、概念化，使之成为可以传递的经验，但比起生活本身，始终是第二位的。

叔本华

因此，第一个忠告是"生活先于书籍"，第二个忠告是"正文先于注解"，即经验先于思考和认识。

马二

您怎么看读书这件事?

叔本华

好书当然要读，但是太多的阅读会使我们的精神失去弹性，就像把一重物持续压在一条弹簧上面就会使弹簧失去弹性一样；而让自己没有自己思想的最稳妥的办法就是在空闲的每一分钟马上随手拿起书本。这种习惯解释了为何死记硬背的书呆子变得比原来更加头脑简单和更加愚蠢，他们的文字写作也失去了更进一个台阶的机会。（《叔本华美学随笔》第2-3页）

马二

思考呢?

叔本华

读书是让别人在我们的脑海里跑马；思考，则是自己跑马。

归根到底，只有自己的根本思想才会有真理和生命力：因为只有自己的思想才是我们真正、完全了解的。我们所读过的别人的思想只是别人留下的残羹剩饭，是陌生人穿用过的衣服。通过阅读获得的、属于别人的思想，与自身生发的思想相比，就像史前时代的植物化石痕迹与在春天怒放的植物相比较一样。书呆子学究就是阅读书本的人，但思想家、天才、照亮这一世界和推动人类进步的人却是直接阅读世事人生这一部大书。（《叔本华美学随笔》第3页）

马二
歌德说：
"理论是灰色的，生命的金树长青。"（《浮士德》米菲斯特语）

叔本华
对，他还说过："看着吧，这个人（叔本华）会比我们所有人都更出色。"那时候我才二十出头，他已经六十多岁了。

马二
您认为什么是艺术？

叔本华
在考察那不在一切关系中，不依赖一切关系的，这世界唯一真正本质的东西，世界各现象的真正内蕴，考察那不在变化之中因而在任何时候都以同等真实性而被认识的东西，一句话，在考察理念，考察自在之物的，也就是意志的直接而恰如其分的客体性时，又是哪一种知识或认识方式呢？这就是艺术，就是天才的任务。（《作为意志和表象的世界》第257页）

马二
非天才不可对吗?

叔本华
是的, 只靠精明是办不到的。

马二
怎么说?

叔本华
准确地掌握那些依据因果律和动机律的关系实际就是精明, 而天才的认识又不是对这些关系而发的; 那么, 一个聪明人, 就他是精明人来说, 当他正是精明的时候, 就不是天才; 而一个天才的人, 就他是天才来说, 当他是天才的时候, 就不精明。(《作为意志和表象的世界》第263–264页)

马二
您认为艺术考察的是世界的本质, 即理念, 是这样吗?

叔本华
是的。艺术的唯一源泉就是对理念的认识, 它唯一的目标就是传达这一认识。艺术已把它观审的对象从世界历程的洪流中拔出来了, 这对象孤立在它面前了。而这一个别的东西, 在那洪流中本只是微不足道的一涓滴, 在艺术上却是总体的一个代表, 是空间时间中无穷"多"的一个对等物。因此艺术就在这儿停下来了, 守着这个个别的东西, 艺术使时间的齿轮停止了。就艺术来说, 那些关系也消失了。只有本质的东西, 理念, 是艺术的对象。——因此, 我们可以把艺术直称为独立于根据律之外观察事物的方式，恰和遵循根据律的考察相对称；后者乃是经验和科学的道路。

马二
能否再说得形象一点？

叔本华
后一种考察方式可以比作一根无尽的，与地面平行的横线，而前一种可以比作在任意一点切断这根横线的垂直线。遵循根据律的是理性的考察方式，是在实际生活和科学中唯一有效而有益的考察方式；而撇开这定律的内容不管，则是天才的考察方式，那是在艺术上唯一有效而有益的考察方式。（《作为意志和表象的世界》第257–258页）

马二
经验和科学有定律可循，而艺术没有，能否举两个代表性的人物？

叔本华
前者是亚里士多德，后者总起来说，是柏拉图。前者好比大风暴，无来由，无目的向前推进而摇撼着，吹弯了一切，把一切带走；后者好比宁静的阳光，穿透风暴行经的道路而完全不为所动。前者好比瀑布中无数的，有力的搅动着的水点，永远在变换着，一瞬也不停留；后者好比宁静地照耀于这汹涌澎湃之中的长虹。——只有通过上述的，完全沉浸于对象的纯粹观审才能掌握理念，而天才的本质就在于进行这种观审的卓越能力。这种观审既要求完全忘记自己的本人和本人的关系，那么，天才的性能就不是别的而是最完美的客观性，也就是精神的客观方向，和主观的，指向本人亦即指向意志的方向相反。准此，天才的性能就是立于纯粹直观地位的本领，在直观中遗忘自己，而使原来服务于意志的认识现在摆脱这种劳役，即是说完全不在自己的兴趣，意欲和目的上着眼，从而一时完全撤消了自己的人格，以便剩了为认识着的纯粹主体，明亮的世界眼。（《作为意志和表象的世界》第258页）

马二
纯粹的直观，在直观中遗忘自己，成为一面反映世界本质的镜子。

叔本华
没错，这可以解释天才为什么总是不满于现状。就是这一点常使他们作无休止的追求，不停地寻找更新的，更有观察价值的对象；又使他们为了寻求和自己同道的，生来和他们一致的，可以通情义的人物而几乎永不得满足。与此同时，凡夫俗子是由眼前现在完全充满而得到了满足的，完全浸沉于这现在中；并且他们到处都有和他们相类似的人物，在日常生活中他们也有

着天才不可得而有的那种特殊舒服劲儿。(《作为意志和表象的世界》第259页)

马二

您怎么看想象力？能否把想象力和天才的性能等同起来？

叔本华

当然不行。天才需要想象力以便在事物中并不是看到大自然实际上已构成的东西，而是看到大自然努力要形成，却由于它那些形式之间的相互斗争而未能竟其功的东西。想象力既在质的方面又在量的方面把天才的眼界扩充到实际呈现于天才本人之前的诸客体之上、之外。以此之故，特殊强烈的想象力就是天才的伴侣，天才的条件。但并不是想象力反过来又产生天才性能，事实上每每甚至是极无天才的人也能有很多的想象。

普通人至少是断不可能持续地进行一种在任何意义之下都完全不计利害的观察——那就是真正的静观——；他只是在这样一种范围内，即是说这些事物对他的意志总有着某种关系，哪怕只是一种很间接的关系才能把他们的注意力贯注到事物上。就这一方面说，所要求的既然永远只是对于关系的认识，而事物的抽象概念又已足够应用，在大多数场合甚至用处更大；

所以普通人就不在纯粹直观中流连了。不把他的视线持久地注集于一个对象了；而只是迅速地在呈现于他之前的一切事物中寻找概念，以便把该事物置于概念之下，好像懒怠动弹的人要找一把椅子似的，如果找到了，那么他对这事物也不再感兴趣了。因此，他会对于一切事物，对于艺术品，对于美的自然景物，以及生活的每一幕中本来随处都有意味的情景，都走马看花似的浏览一下匆促了事。他可不流连忘返。他只找生活上的门路，最多也不过是找一些有朝一日可能成为他生活的门路的东西，也就是最广义的地形记录。对于生活本身是怎么回事的观察，他是不花什么时间的。（《作为意志和表象的世界》第259–261页）

马二
天才呢？

叔本华
天才则相反，在他一生的一部分时间里，他的认识能力，由于占有优势，已摆脱了对他自己意志的服务，他就要流连于对生活本身的观察，就要努力掌握每一事物的理念而不是要掌握每一事物对其他事物的关系了。于此，他经常忽略了对自己生活道路的考察，在大多数场合，他走这条生活的道路是够笨的。一个人的认识能力，在普通人是照亮他生活道路的提灯；在天才人物，却是普照世界的太阳。(《作为意志和表象的世界》第261页)

马二
从相貌上看得出来吗?

叔本华
当然。一个人，如果天才在他的腔子里生活并起作用，那么这个人的眼神就很容易把天才标志出来，因为这种眼神既活泼同时又坚定，明明带有静观、观审的特征。与此相反，其他人们的眼神，纵令不像在多数场合那么迟钝或深于世故而寡情，仍很容易在这种眼神中看到观审态度的真正反面，看到"窥探"的态度。准此，则人相上有所谓"天才的表现"就在于能够在相上看出认识对欲求有一种断然的优势，从而在相上表出一种对欲求没有任何关系的认识，即纯粹认识。与此相反，在一般的相中，突出的照例是欲求的表现，人们并且看到认识总是由于欲求的推动才进入活动的，所以"认识"的活动仅仅只是对动机而发的。(《作为意志和表象的世界》第261–262页)

马二

如何评估一个天才的价值呢？

叔本华

要评估一个天才，我们不应该盯着其作品中的不足之处，或者，根据这个天才的稍为逊色的作品而低估这个天才的价值。我们应该只看到他最出色的创造。这是因为甚至在智力的层面，人性中的缺点和错误仍旧是那样根深蒂固，就算是具备了最闪亮思想的人，也难以完全和每时每刻幸免。所以，甚至在最伟大的思想者所写出的著作中，也会出现大的瑕疵。贺拉斯说，"伟大的荷马也有打盹的时候"。但是，把天才区别开来的——这因此也就是评判他的标准——却是这一天才在天时、地利、人和的情况下所能飞升的高度。天才所达至的高度却是常规才具的人所永远无法达至的。同样，把同一级别的伟人，诸如伟大的文学家、伟大的音乐家、哲学家和艺术家等在相互之间比较，却是一件糟糕的事情，因为这样做的话，我们那几乎是无法避免失之公允，至少在比较的当下是这样。也就是说，我们注意到了一位伟大天才的某一独特优点以后，在另一位伟大天才的身上，我们马上就会发现刚才那一鲜明的特色在这里却有所逊色了。经过这一比较，后一位就被贬低了。但如果我们从这后一位伟人所特有的、完全是另一种的优点出发，那我们也无法在前一位被比较者的身上找到同样的长处。这回轮到前一位在这种比较中被低估了。(《叔本华美学随笔》第127页)

第 四 幕

第一场　道术将为天下裂

马大
请给我讲讲古人的道术。

庄子
鱼相忘乎江湖，人相忘乎道术。
（《大宗师》）

古人的道术，配神明，醇天地，育万物，和天下，泽及百姓，明于本数，系于末度，六通四辟，小大精粗，其运无乎不在。（《天下》）

马大
后来呢?

庄子
天下大乱，贤圣退隐，道德分裂，天下人往往各得一孔之见而沾沾自喜。譬如耳目鼻口，各有所明而不能相通。犹如百家众技，各有所长而时有所用。但毕竟不完备、不全面，都是一曲之士。割裂天地之美，离析万物之理，窥探古人之全，很少有人能够具备天地之美，相称神明之容。所以，内圣外王之道暗而不明，郁而不发，天下人各自为所欲为，在方术的圈子里打转。可悲啊! 诸子百家往而不返，必定不能相合。后世的学者，不幸见不到天地的纯真和古人的全貌，道术将被天下人割裂!

天下大乱，贤圣不明，道德不一，天下多得

一察焉以自好。譬如耳目鼻口，皆有所明，不能相通。犹百家众技也，皆有所长，时有所用。虽然，不该不遍，一曲之士也。判天地之美，析万物之理，察古人之全，寡能备于天地之美，称神明之容。是故内圣外王之道，暗而不明，郁而不发，天下之人各为其所欲焉以自为方。悲夫！百家往而不反，必不合矣！后世之学者，不幸不见天地之纯，古人之大体，道术将为天下裂。（《天下》）

马大
天下为什么会大乱呢？

庄子
天下脊脊大乱，罪在撄人心。（《在宥》）

马大
搞得人心不定？

庄子
是啊。所以要慎重，不要去刺激人心。人心这东西，排挤它就下沉，抬举它就上升，七上八下，反复折腾；硬的会变软，软的会变硬，有棱有角，尖利刻削；一会儿冷，一会儿热，热起来像火，冷起来像冰；变起来比什么都快，一转眼就是十万八千里；可以动，也可以静，静的时候像深渊，动的时候要冲天。世上最骄矜、最难约束的就是人心！

汝慎无撄人心。人心排下而进上，上下囚杀；淖约柔乎刚强，廉刿雕琢；其热焦火，其寒凝冰；其疾俯仰之间而再抚四海之外；其居也渊而静，其动也县而天。偾骄而不可系者，其唯人心乎！（《在宥》）

马大
真是复杂!

庄子

从黄帝开始就用仁义扰乱人心了!君主们愁思苦想地实行仁义,呕心沥血地制定法度,可还是有人不听话,不照着规矩做,结果就被流放了。天下越搞越乱,于是刑具制造出来了,各种整治天下的法律法规也跟着完备起来了。于是贤人退隐山林,君主在庙堂上担惊受怕。现如今,披枷带锁、犯罪杀头的比比皆是,而儒家、墨家就在这枷锁遍地的时代振臂疾呼。唉,太过分了!这些人真是不知羞耻到家了!我怎么知道他们推崇的圣智不是给镣铐上的锁,怎么知道他们鼓吹的仁义不是给桎梏加的栓!我又怎么知道曾参、史鳅不是给夏桀、盗跖放的响箭、作的先导!所以说,绝圣弃知而天下大治。

故贤者伏处大山嵁岩之下,而万乘之君忧栗乎庙堂之上。今世殊死者相枕也,桁杨者相推也,刑戮者相望也,而儒、墨乃始离跂攘臂乎桎梏之间。意,甚矣哉!其无愧而不知耻也甚矣。吾未知圣知之不为桁杨椄槢也,仁义之不为桎梏凿枘也!焉知曾、史之不为桀、跖嚆矢也!故曰:绝圣弃知而天下大治。(《在宥》)

马大

好个"绝圣弃知而天下大治"，您认为祸害天下人心的竟然是圣人和他的智慧？！

庄子

不错。最纯正的道德，就是不违背天性。大脚趾连着二脚趾的不是"骈"，大拇指旁多生一指的不是"歧"；长的不是多余，短的不是不足。鸭子腿短，接长了它要难过；仙鹤腿长，弄短了它要发愁。所以，天生长的就不要弄短，天生短的就不要弄长，没什么好担心的。唉！仁义大概不是人的天性吧，否则仁人君子们何必要这么操心呢？

彼正正者，不失其性命之情。故合者不为骈，而枝者不为歧；长者不为有余，短者不为不足。是故凫胫虽短，续之则忧；鹤胫虽长，断之则悲。故性长非所断，性短非所续，无所去忧也。意仁义其非人情乎！彼仁人何其多忧也。（《骈拇》）

马大

天性就是这样，该有的自然会有，没有的勉强不来，用不着没事找事地替人们瞎操心。

庄子

可惜这样的"瞎子"常常还觉得自己很高明，他们在整治天下、大干特干的时候忘掉的恰恰是人的天性。

马大

儒家讲仁义，法家讲赏罚，对人对事都有一套明确的是非标准。您怎么看？

庄子

用仁义治天下，前面已经说过了，会损伤人的天性，结果事与愿违，越治越乱。用赏罚治天下呢，即使拿整个天下去奖赏好人也会觉得不足，拿整个天下去惩罚坏人也会觉得不够。从夏、商、周三代以来，大家都在忙着赏善罚恶，哪里还有功夫去关心人的性命之情呢！

举天下以赏其善者不足，举天下以罚其恶者不给。故天下之大不足以赏罚。自三代以下者，匈匈焉终以赏罚为事，彼何暇安其性命之情哉！（《在宥》）

马大

这套标准的出发点是有问题的，都不是从自然出发，因此它的作用也就十分有限，即使表面上在起作用，那也不过是靠强制力的保证，而并非标准本身符合事物的实际情况，结果势必导致"公正"旗号下的不公正。

庄子

不错。用实际上不公平的标准去公平万物，这种"公平"肯定不是真的公平；用实际上不顺应的东西去顺应万物，这种"顺应"也肯定不是真的顺应。自作聪明的人，只能被外物役使成为奴隶，顺其自然的人，才能成为真正的主宰。用自己的偏见去对待别人，怎么会有用呢？不也是很可悲的吗！

以不平平，其平也不平；以不徵徵，其徵也不徵。明者唯为之使，神者徵之。夫明之不胜神也久矣，而愚者恃其所见入于人，其功外也，不亦悲夫！（《列御寇》）

马大

所以仁义、赏罚根本不足以用来治理错综复杂的天下，而那种自以为"知"的态度也不是真知。

庄子

南海大帝叫儵，北海大帝叫忽，中央大帝叫浑沌。儵和忽在浑沌那里相遇，浑沌对他们都很好。他们打算报答浑沌，说："人都有七窍，两眼看、两耳听、一张嘴吃、两个鼻孔呼吸，可怜浑沌一窍不通，咱们来帮他凿一下。"于是每天凿一窍，第七天浑沌就死了。

南海之帝为倏，北海之帝为忽，中央之帝为浑沌。倏与忽时相与遇于浑沌之地，浑沌待之甚善。倏与忽谋报浑沌之德，曰："人皆有七窍以视听食息，此独无有，尝试凿之。"日凿一窍，七日而浑沌死。（《应帝王》）

马大

浑沌本来好好的，为什么非要开窍呢？把最宝贵的东西给弄丢了。

庄子

他们就是这样自作聪明的，这个聪明你看到了吧，可以把人害死。所以老聃先生说："以智治国，国之贼；不以智治国，国之福。"（《老子·六十五章》）仁义、赏罚这些东西就是凿子嘛，今天凿一下，明天凿一下，天下早晚被他们凿死。

第二场　看穿了摩耶之幕

马二
何谓公道的人？

叔本华
一个人在肯定自己的意志时绝不走向否定在另一个体中显现的意志，那么，这人就是公道的。别人对于他已不再只是一些假脸子，——假脸子的本质和他的本质是完全不同的，——而是他已由于自己的行为方式表明了他在别人的，对于他只是表象的现象里认出了他自己的本质，即认出了作为自在之物的生命意志。他也正是在这一程度上看穿了个体化原理，看穿了摩耶之幕；在这范围内他把在自己以外的本质和自己的本质等同起来：他不伤害这个本质。（《作为意志和表象的世界》第505页）

马二
您认为道德的原动力在哪里？

叔本华
宣扬道德是容易的，但要找出道德的根源和理据则很困难。（《叔本华论道德与自由》，[德]叔本华著，韦启昌译，上海人民出版社，2006年，第114页）
其实，那种促使人们做出公正和仁爱行为的原动力并不需要人们事先作出怎样的思考，更加不会要求人们抽象思考和组合概念。其实，那种原动力并不受人们智力和文化修养的影响；它诉诸每一个人，而不管一个人的思想是否至为粗糙；这种原动力纯粹建立在对事物的直观把握之上，通过现实事物而直接作用于人们。如果伦理学无法指出这样的一种基础，那尽管这些伦理学理论在课堂大厅里互相驳诘、冠冕堂皇地自说自话，但在现实生活当中仍会饱受人们的嘲弄。所以，我必须给那些研究伦理学的学者们提出一个似是而非的建议：在从事理论之前，先观察一下人生吧。（《叔本华论道德与自由》第119—120页）

叔本华

如果我们认为人类所有公正和守法的行为都是出自道德，那就是幼稚和大错特错了。事实上，人们在人与人之间的交往中之所以普遍做出诚实的行为，人们之所以把强调和鞭策自己要正直、诚实行事的座右铭置之案头，主要就是迫于这两种外在的因素：第一是法律秩序——借助于法律秩序，国家权力才可以保护每一个人的权利；第二是在社会上立足和谋生所公认必需

的良好的名声，或者公民荣誉。借助于这一名声或者公民荣誉，每个人的一举一动才会受到社会公众言论的监视。社会公众言论是严格、不讲情面的，它们绝不会原谅人们在诚信方面走错哪怕半步，而是让这犯错之人永远带上那无法洗刷掉的污点，直至这个人死去为止。

（《叔本华论道德与自由》第121页）

马二

人们通常都很在乎别人对自己的看法，为了保住面子，不被轻视，经常违背自己的本意去迁就别人，弄得身心疲惫，对此您怎么看？

叔本华

我们所展现的表象——这也就是我们的存在在他人心目中的样子——通常都被我们过分看重，这是我们人性的一个特殊弱点所致，虽然稍作简单的思考我们就可以知道，他人的看法就其本身来说，对我们的幸福并非至关重要。一只猫受到爱抚时，就会发出高兴的声音。同样，当一个人受到他人的称赞时，愉悦之情就不可避免地洋溢于脸上。只要某种赞扬在一个人所期望的范围之内，那么尽管他人的赞扬明显地虚伪不真，他仍然会很高兴。令人惊讶的是，无论在何种情况下，如果他们想获得别人好评的雄心受到任何意义上和程度上的挫折，或者，当他们受到别人轻视、不敬、怠慢时，都肯定会

101

难过、伤心，很多时候还会感受到深刻的创痛。只要荣誉感是建筑在这种特殊的人性之上，那么，它就是道德的代替品，就会有效地促使很多人做出良好的行为。但是，对于人自身的幸福而言，尤其是对于与幸福密切相关的平和心境和独立自主而言，这种荣誉感更多地产生出扰乱和不良的作用，而不是有益的效果。因此，从增进幸福的观点出发，我们应该抑制这一人性弱点；应该细致考虑和恰如其分地评估它的真正价值，尽量减低我们对待别人意见的敏感程度，无论我们在受到别人意见的爱抚抑或伤害时都应如此，因为两者悬挂在同一根线上。否则人们就只能成为他人的看法和意见的奴隶。（《人生的智慧》，[德]叔本华著，韦启昌译，上海人民出版社，2008年，第51-52页）

马二

但丁说，走自己的路，让别人说去吧！

叔本华

只有百折不屈的人，才能真正懂得这句话的意思。真要成就一番伟业、创造出一些能流芳后世的东西，主要的条件就是：不要理会同时代人及其意见、观点，以及由此产生的赞语，抑或批评。（《叔本华美学随笔》第151页）

马二
为什么?

叔本华
因为在创造伟大作品的时候,如果作者考虑到广泛的意见,或者同行的判断,那所有这些都会在他迈出的每一步把他引入歧途。所以,谁要想把作品留给后代,那他就要摆脱自己时代的影响。(《叔本华美学随笔》第151页)

既然从那许多百万人之中也难得会有一人走上通往不朽之路,那踏上这一条道路的人必然就是相当的孤独;这一通往后世的旅程所经过的,就是荒无人烟的可怕地区,就像利比亚大沙漠一样。(《叔本华美学随笔》第153页)

马二
您怎么看待事物的反复无常?

叔本华
我们应该牢牢记住时间的作用,以及事物昙花一现的本质。所以,对于任何正在发生的事情我们都要马上清晰地想象到其相反的一面。因此,在富裕之时看到落魄、不幸,从友谊想到反目成仇,在风和日丽时想到电闪雷鸣,从爱看到恨,从信任和坦白看到背叛和悔疚,等等,反之亦然。这样做会使人们永久地增进那真正的、人世间的智慧,因为我们会变得凡事深思熟虑,不会轻易地受骗上当。在很多情况下，我们可以由此预计到时间所发挥的作用。不过，与掌握其他知识相比，要正确认识事物的反复无常的本质，经验或许更加必不可少，正因为某种状态或者条件在其持续的时间内必然地、绝对合理地存在，所以，每一年、每一月、每一日看上去都有理由和权利永恒不变地存在。但是任何事物都无法保留这种权利，只有转换变化才是永恒的。一个明智的人其实就是一个不会被事物恒久不变的表面所欺骗的人，他甚至预见到了事情即将往哪一方向变化。（《人生的智慧》第202-203页）

马二

这里面有没有运气的成分呢？

叔本华

当然。一个古老作家相当准确、中肯地说过：在这世上存在三种力：明智、力量和运气。我相信运气至为重要。我们的一生可比之于一条船的航程。运气——顺运或者逆运——扮演着风的角色，它可以迅速推进我们的航程，也可以把我们推回老远的距离；对此，我们的努力和奋斗都是徒劳无功的。我们的努力和挣扎只是发挥着桨橹的作用。我们竭尽全力挥舞桨橹数小时，终于向前走了一程，这时，突如

其来的一阵强风一下子就能使我们倒退同样的距离。(《人生的智慧》第199页)

马二
碰到这种事情,我们只能听天由命不是吗?

叔本华
起码得有个心理准备。要知道,运气在人类事务中具有很大的活动空间;当我们试图通过做出牺牲来预防某一遥远的威胁性危险时,这一危险却经常由于事情意想不到的变化而消失。这样一来,不但我们所做出的牺牲付诸东流,甚至这些牺牲所带来的变化——在已经转变了的情形之下——开始对我们构成不利。因此,我们在采取防范将来的措施时,千万不要走得太远,而应该把运气考虑在内,勇敢地面对危险,希望它们会像乌云一样地过去。(《人生的智慧》第213页)

马二
就像打牌。

叔本华
命运洗牌和派牌,而我们则负责出牌。下面的比喻最贴切不过地表达我这里说的意思:人生就像一盘棋局,我们计划好了一套走法,但实施这一套计划的条件却是由棋局中的对弈者——亦即生活中的运气——的意愿所决定。通常,我们对自己的计划要做出大幅度的

调整修正，这样，在计划实施的时候，原来的计划已经变得面目全非了。（《人生的智慧》第200-201页）

马二
是的，计划赶不上变化。

叔本华
另外，在我们的人生进程中，有某些东西是超乎所有这一切的。我们的自身具有某些比我们的头脑还要聪明的东西。我们在人生历程中所作出的重大举措和迈出的主要步伐，与其说是遵循我们对于何为对错的清楚认识，不如说是遵循某种内在的冲动——我们可以把它称之为本能，它源自我们本质的最深处。（《人生的智慧》第201页）

马二
就像神秘而又真实的梦境。

叔本华
或许，人的内在冲动不知不觉地受到了我们睡梦的指引，这些梦带着预示的内容，在我们醒来的时候就被我们遗忘了，但正是我们的睡梦给予了我们的生命某种匀称的调子和某种戏剧性的统一——而这些却是我们那犹豫不决、摇摆不定、屡屡犯错的大脑意识所无法给予我们的。由于睡梦的作用，打个比方说，生来就注定要成就一番伟大事业的人，从青年时代起就在内心秘密地感受到了这一事实。他就

会像建筑蜂巢的工蜂那样去努力完成自己的使命。（《人生的智慧》第202页）

马二
本能不是抽象原则，它对于自我的巨大保护是后者无法比拟的。

叔本华
根据抽象原则行事是困难的，这要经过许多练习以后才能做到，并且，也不是每次都能成功。相比之下，每个人都有某些与生俱来的具体原则，这些原则深藏于每一个人的血液和骨髓之中，因为这些原则是人们全部的思想、感情和意愿的结果。人们并不是在抽象思想中认识到自己的这些原则。只是当我们回首自己一生的时候，才会注意到我们其实无时无刻不在遵循着自己的原则行事，这些原则犹如一条看不见的绳线操纵着我们。这些原则因人而异。人们各自随着这些原则的引领走向幸福或者不幸。（《人生的智慧》第202页）

马二
恐怕是这样的。

叔本华
几乎每一个人都曾经一度为某件事情悲伤不已，但最后那却被证明是一件天大的好事。又或者，我们曾经为之兴高采烈的事情，却变成了我们极度痛苦的根源。一般来说，一个人在遭遇各种不幸横祸的时候，如果能够保持镇定自若，那就显示出他清楚地知道人生可能遭遇的苦难是巨大的和不可胜数的；为此原因，他把自己所遭遇的不幸仅仅视为那些发生的众多苦难中的沧海一粟而已。这也就是斯多葛派哲学所提倡的心态：我们永远不应"忘记人类的自身条件"，而要时刻记住人的生存大致说来是一种悲惨、可怜的宿命，它遭受难以胜数的灾祸和不幸的袭击。我们只需环顾四周就可以重温这种认识：无论我们身处何方，都可看见人们为了这一悲惨、贫瘠和徒劳的生存而拼力挣扎和搏斗，饱受折磨。为此原因，我们应该减少、节制我们的期望和要求，学会接受和适应不如意的事情和处境，时刻留意防止或者承受不幸的灾祸。这是因为大大小小的不幸事件是我们生活的组成部分，我们应该把这一点时刻牢记在心。因此我们不应像一个永难满意的人那样拉长着脸，为人生中无时不在发生着的苦难唉声叹气；更不应该"为每一个虱子的叮咬而呼唤神灵"。相反，我们应该谨慎、细心地预见和避开可能的不幸，不管这些不幸来自人或事。在这方面我们应做到不遗余力、精益

freie Stadt Danzig

15

Schopenhauer 1788~1860

求精，就像一只聪明的狐狸，灵巧地躲开大大小小的灾害。(《人生的智慧》第205–206页)

马二
面对不幸和灾祸，我们如何能够做到镇定自若呢?

叔本华
最好的办法，莫过于确信这一真理："发生的所有大大小小的事情，都是必然地发生。"认识这一真理就能帮助人们把发生的所有一切，甚至包括那些由于最离奇古怪的偶然变故而导致发生的事情，都同样地视为必然地发生；它们跟那些遵循最广为人知的规律、并且完全是在人们的意料之中发生的事情一般无异。认识到事情是不可避免和必然地发生这一真理以后，心灵会受到抚慰和安静，谁要是深切、完全地明白到这一真理，就会首先作出自己分内的努力；而对于自己必须忍受的痛苦也会甘愿承受。(《人生的智慧》第207页)

第 五 幕

第一场　畸于人而侔于天

马大
您一肚子学问，为啥不去做官呢？

庄子
做官？我在濮水钓鱼的时候，楚王倒是派了两个大夫请我去做官。我跟他们讲："听说贵国有一只神龟，死的时候已经三千岁了。楚王用丝巾将它包好，装进竹箱，藏在庙堂之上。你们说，这只龟是宁可死掉，留下骨头被当作宝贝呢？还是宁可活着，拖着尾巴在泥水里爬呢？"他们说："当然是活着，拖着尾巴在泥水里爬。"我说："那就请回吧！我要拖着尾巴在泥水里爬了。"

庄子钓于濮水。楚王使大夫二人往先焉，曰："愿以境内累矣！"庄子持竿不顾，曰："吾闻楚有神龟，死已三千岁矣。王巾笥而藏之庙堂之上。此龟者，宁其死为留骨而贵乎？宁其生而曳尾于涂中乎？"二大夫曰："宁生而曳尾涂中。"庄子曰："往矣！吾将曳尾于涂中。"（《秋水》）

马大
原来是这样，您不愿意勉强自己。

庄子
惠施在梁国当宰相，我去看他。有人跟他说，庄子这次来，是要取代你的位子。惠施害怕了，派人在都城内搜捕我，闹了三天三夜。我去见他，跟他说："你知道吗？南方有一种鸟叫鹓鶵，它从南海出发，飞往北海，一路上非梧桐不栖，非竹实不吃，非甘泉不饮。鹞鹰抓到一只死老鼠，见鹓鹐经过，就仰头瞪眼发出恐吓的声音。你是不是也想拿梁国来恐吓我呢？"

惠子相梁，庄子往见之。或谓惠子曰："庄子来，欲代子相。"于是惠子恐，搜于国中三日三夜。庄子往见之，曰："南方有鸟，其名为鹓鹐，子知之乎？夫鹓鹐发于南海而飞于北海，非梧桐不止，非练实不食，非醴泉不饮。于是鸱得腐鼠，鹓鹐过之，仰而视之曰：'吓！'今子欲以子之梁国而吓我邪？"（《秋水》）

马大
没想到惠施先生这么贪恋权位。

庄子
所以他会怕，不贪才不怕。这位老兄读了五车书，可惜爱钻牛角尖。

马大
比如呢？

庄子
有一次我们在濠水桥上玩，我说："小鱼儿在水里优哉游哉，真是快活！"惠施说："你不是鱼，怎么知道鱼的快活？"我说："你不是我，怎么知道我不知道鱼的快活？"

马大
好玩，那惠施怎么说？

庄子
他说："我不是你，固然不知道你；你不是鱼，肯定也不知道鱼。"我说："一开始，你问我'你怎么知道鱼的快活'，就表示你已经知道我知道鱼的快活了，你问我怎么知道的？我是在濠水桥上知道的呀。"

庄子与惠子游于濠梁之上。庄子曰："鯈
鱼出游从容，是鱼之乐也。"惠子曰："子
非鱼，安知鱼之乐？"庄子曰："子非我，
安知我不知鱼之乐？"惠子曰："我非子，
固不知子矣；子固非鱼也，子之不知鱼之
乐，全矣！"庄子曰："请循其本。子曰'汝
安知鱼乐'云者，既已知吾知之而问我，
我知之濠上也。"（《秋水》）

马大	庄子
您在跟他抬杠不是？	来而不往非礼也。

马大	庄子
您知道鱼的快活，那么鱼知道您的快活吗？	你去问鱼嘛。

马大	庄子
梁国分手之后，您跟惠施先生还见过面吗？	当然，他告老还乡之后，常来看我。还是老脾气，喜欢跟我在树底下辩论。

马大	庄子
谈些什么呢？	有一次他问我："人没有情吗？"我说："是的。"他说："人若无情，还叫人吗？"

马大	庄子
对啊，我也觉得奇怪。	我说："道给了外貌，天给了形体，怎么不叫人呢？"他说："既然叫人，怎么会没有情？"

马大
这也是我的疑问。

庄子
我说的无情，指的是不用好恶之情伤害身体，总是顺其自然而不刻意保养。惠施说："不刻意保养，身体怎么会好呢？"我说："道给了外貌，天给了形体，不用好恶之情伤害身体，就是最好的保养。现在你劳精费神，到处跟人在树底下辩论，累了就趴在桌上打盹。天给了你一副好身体，你却用什么"坚白论"去伤害它。

惠子谓庄子曰："人故无情乎？"庄子曰："然。"惠子曰："人而无情，何以谓之人？"庄子曰："道与之貌，天与之形，恶得不谓之人？"惠子曰："既谓之人，恶得无情？"庄子曰："是非吾所谓情也。吾所谓无情者，言人之不以好恶内伤其身，常因自然而不益生也。"惠子曰："不益生，何以有其身？"庄子曰："道与之貌，天与之形，无以好恶内伤其身。今子外乎子之神，劳乎子之精，倚树而吟，据槁梧而瞑。天选子之形，子以坚白鸣。"（《德充符》）

马大
什么叫"坚白论"？

庄子
就是把一块坚硬的白色石头一拆为三进行分析。

马大
怎么分析？

庄子
一块石头加一块坚再加一块白。

马大

是不是还有"白马非马"?

庄子

那是公孙龙的代表作。这些人有一个共同点，就是喜欢把活的东西当成死的来讲，把自然的东西拆开来，变成条条框框，然后当作真理卖出去，不懂的人看不懂，懂的人也看不懂。

马大

还是自然的好，拆开来就没味道了。不过惠施先生乐在其中，也无可厚非。

庄子

所以，我也只是说说他，天刑之，安可解？我又何尝不是呢？

马大

什么叫天刑？

庄子

就是自然的刑罚，也可称为内刑，比外刑更可怕。

马大

愿闻其详。

庄子

外刑来自刀斧椊梏，内刑来自心理失常。小人遭受外刑，被刀斧椊梏折磨；遭受内刑，被阴阳失调侵蚀。能免遭外内之刑的，只有真人才能做到。

为外刑者，金与木也；为内刑者，动与过也。宵人之离外刑者，金木讯之；离内刑者，阴阳食之。夫免乎外内之刑者，唯真人能之。(《列御寇》)

117

马大
什么叫真人?

庄子
睡觉不做梦,醒来不忧愁,呼吸非常深沉,用的是脚后跟。既不贪生,也不怕死,飘然而来,飘然而去。这样的人,心思专一,容颜质朴,像秋天一样凄清,像春天一样温暖,喜怒和四季相通,动静和万物相宜,谁也猜不透他的根底。

马大
真人会死吗? 还是长生不老?

庄子
是人都会死,真人也不例外。之所以不贪生、不怕死,是因为在他看来,人和大自然是一体的,人的生死变化也是一体的,超越相对的生死,守护天真的本性,所以能够享尽天年。

马大
真人睡觉不做梦,您不是还做蝴蝶梦吗?

庄子
因为我还不是真人嘛。不过,虽不能至,心向往之。

马大
那您是怎么看待生死的呢?

庄子
死和生,是命运的安排;好比黑夜和白天的交替,是天然的变化。人所无法干预的,是事物的真情。

死生,命也;其有夜旦之常,天也。人之有所不得与,皆物之情也。(《大宗师》)

大自然赋予我形体,活着就是劳作,老了就是安逸,死了就是休息。所以，让我好好活着的，也让我好好死去。

夫大块载我以形，劳我以生，佚我以老，息我以死。故善吾生者，乃所以善吾死也。（《大宗师》）

马大

善始善终，好聚好散。

庄子

不错，人之生，气之聚也，聚则为生，散则为死。（《知北游》）我老婆死了，惠施来吊唁，我正岔开腿坐在地上，敲着瓦盆唱歌。他说："人家跟你过日子，给你生孩子，老了，死了，你不哭也就罢了，还敲着盆子唱歌，太过分了吧！"

马大

您的行为确实不合常理，一般人看见都要奇怪。

庄子

老婆刚死的时候，我怎么会不难过呢？后来想通了，人在出生之前，原本是没有生命的；不仅没有生命，而且没有形体；不仅没有形体，而且没有元气。恍惚之间有了元气，元气变化成了形体，形体变化成了生命，现在由生入死，回归大自然，这不就跟春夏秋冬四季运行一个道理吗？人家安睡于天地之间，我却哭哭啼啼，这是通达生命的表现吗？还不如唱首歌给她听，庆祝大自然的胜利。

庄子妻死，惠子吊之，庄子则方箕踞鼓盆而歌。惠子曰："与人居，长子、老、身死，

不哭亦足矣，又鼓盆而歌，不亦甚乎！"
庄子曰："不然。是其始死也，我独何能
无概！然察其始而本无生；非徒无生也，
而本无形；非徒无形也，而本无气。杂乎
芒芴之间，变而有气，气变而有形，形变而
有生，今又变而之死，是相与为春秋冬夏
四时行也。人且偃然寝于巨室，而我嗷嗷
然随而哭之，自以为不通乎命，故止也。"
（《至乐》）

马大
您唱的是什么歌？

庄子
大块无心兮，生我与汝；以湿相呴
兮，以沫相濡；而今归去兮，翛然
独处；相忘江湖兮，不知何许？

马大
相忘江湖？

庄子
嗯，水干了，鱼儿们只好凑在一起
相濡以沫，一旦回归江河湖海，就
逍遥自在，彼此忘怀了。
泉涸，鱼相与处于陆，相呴以湿，相濡以
沫，不如相忘于江湖。（《大宗师》）

马大
惠施先生呢？现在还好吗？

庄子
前不久刚过世，再也没有可以跟我
抬杠的朋友了，教我如何说呢？

马大
有人说您逃世。

庄子
逃到哪里去？无所逃于天地之间。
我是游世，乘道德而浮游，畸于人
而侔于天。

马大
什么叫"畸于人而侔于天"？

庄子
就是不做假我做真我。

马大
愿闻其详。

庄子
假我是相对的，是"人"；真我是绝对的，是"天"。我所反对的"人"，是抗拒自然变化的"人"，这样的人被外物所奴役，不得自由。我所主张的"天"，首先是自然变化本身，其次是顺应自然变化，这就叫"以天合天"，以我之天，合物之天。

马大
"物之天"和"我之天"难道没有区别？

庄子
道通为一，物之天，即是我之天。南郭子綦凭几而坐，仰天而嘘，形如槁木，心如死灰，好像忘掉了自己的存在。他的弟子颜成子游觉得师父今天的神情和平日大不一样，于是问他怎么了？南郭先生说："今天我忘掉了自己，你知道吗？你听过人籁却没有听过地籁，听过地籁，却没有听过天籁。"

南郭子綦隐机而坐，仰天而嘘，苔焉似丧其耦。颜成子游立侍乎前，曰："何居乎？形固可使如槁木，而心固可使如死灰乎？今之隐机者，非昔之隐机者也？"子綦曰："偃，不亦善乎而问之也！今者吾丧我，汝知之乎？女闻人籁而未闻地籁，女闻地籁而未闻天籁夫！"（《齐物论》）

马大

人籁是什么? 地籁又是什么?

庄子

人籁是人吹箫管发出的声音,地籁
是大地吐气成风、风吹万窍发出
的声音。

夫大块噫气,其名为风。是唯无作,作则
万窍怒呺。……地籁则众窍是已,人籁则
比竹是已。(《齐物论》)

马大

天籁呢?

庄子

就是万物自己发出的声音,连自己
也不知道为什么会这样。

夫吹万不同,而使其自己也,咸其自取,
怒者其谁邪?(《齐物论》)

马大

如何听到天籁呢?

庄子

忘掉自己。

马大

怎么忘?

庄子

有一天,颜回去见孔子,说:"我进
步了。"孔子说:"怎么进步了?"颜
回说:"我忘掉仁义了。"孔子说:
"可以的,但是还不够。"过了几
天,颜回又去见孔子,说:"我进步
了。"孔子说:"怎么进步了?"颜
回说:"我忘掉礼乐了。"孔子说:
"可以的,但是还不够。"过了几
天,颜回又去见孔子,说:"我进步
了。"孔子说:"怎么进步了?"颜回
说:"我坐忘了。"孔子吃了一惊,
问:"什么叫坐忘?"颜回说:"解

放肢体，关闭耳目，脱离身形，丢掉智慧，与大道相通，这就叫坐忘。"孔子说："同于万物就没有偏好，顺应变化就不会固执。你果然是贤人啊！我也要跟你学习了。"

颜回曰："回益矣。"仲尼曰："何谓也？"曰："回忘仁义矣。"曰："可矣，犹未也。"他日复见，曰："回益矣。"曰："何谓也？"曰："回忘礼乐矣。"曰："可矣，犹未也。"他日复见，曰："回益矣。"曰："何谓也？"曰："回坐忘矣。"仲尼蹴然曰："何谓坐忘？"颜回曰："堕肢体，黜聪明，离形去知，同于大通，此谓坐忘。"仲尼曰："同则无好也，化则无常也。而果其贤乎！丘也请从而后也。"（《大宗师》）

马大
听到天籁的南郭先生，不也是坐忘吗？

庄子
正是。坐忘也叫心斋，就是将心灵打扫干净，除去各种各样的束缚和障碍。只有忘我的人，才能听到天籁，只有无私的人，才能见到真理。

马大
有没有认为生不如死的？

庄子
有。我去楚国，在路上见到一个髑髅（骷髅头）。我用马鞭敲敲它，问："先生您是贪恋生命违背天理而死的呢？还是国家灭亡，惨遭斧钺诛杀的呢？还是有了恶行，怕给父母妻儿丢脸，羞愧自杀的呢？还是冻死饿死的呢？还是到了年纪正常死亡的呢?"说完我就拿它当枕头睡了。

马大
您胆子可真大!

庄子
谁知半夜里,髑髅托梦对我说:"您的谈吐像个辩士,但是您说的都是活人的劳累,死了就没有这些烦恼。您想不想听听死人的说法?"我说:"想。"髑髅便说:"人死了,上无君,下无臣,也没有一年四季忙不完的事情,天长地久,逍遥自在,就是南面为王也没这么快乐。"我不信他的鬼话,就说:"那我请司命大神来给您恢复形体,让您重新长出骨肉肌肤,然后送您回到父母、妻儿、邻里、朋友身边,您愿意吗?"髑髅愁眉苦脸地说:"我怎么能放着南面称王的快乐不要,再去人间活受罪呢!"

庄子之楚,见空髑髅,髐然有形。撽以马捶,因而问之,曰:"夫子贪生失理而为此乎?将子有亡国之事、斧钺之诛而为此乎?将子有不善之行,愧遗父母妻子之丑而为此乎?将子有冻馁之患而为此乎?将子之春秋故及此乎?"于是语卒,援髑髅,枕而卧。夜半,髑髅见梦曰:"子之谈者似辩士,诸子所言,皆生人之累也,死则无此矣。子欲闻死之说乎?"庄子曰:"然。"髑髅曰:"死,无君于上,无臣于下,亦无四时之事,从然以天地为春秋,虽南面王乐,不能过也。"庄子不信,曰:

"吾使司命复生子形，为子骨肉肌肤，反子父母、妻子、闾里、知识，子欲之乎？"髑髅深矉蹙頞曰："吾安能弃南面王乐而复为人间之劳乎！"（《至乐》）

马大
活着追求功名利禄，这也罢了，死了还要风光大葬，为什么呢？

庄子
比排场，谁的排场大，谁的地位高。

马大
怎么做人做鬼都一样呢？

庄子
死就死，好聚好散，这么啰嗦！比排场是吧，我用天地作棺椁，用日月作双璧，用星辰作珠宝，用万物作葬品，够了吧？还有比这规格更高的吗？

马大
这是天葬，恐怕乌鸦、老鹰会吃掉先生。

庄子
在地上给乌鸦、老鹰吃，在地下给蝼蛄、蚂蚁吃，夺了鸟食去喂虫，太偏心了吧！

庄子将死，弟子欲厚葬之。庄子曰："吾以天地为棺椁，以日月为连璧，星辰为珠玑，万物为赍送。吾葬具岂不备邪？何以加此！"弟子曰："吾恐乌鸢之食夫子也。"庄子曰："在上为乌鸢食，在下为蝼蚁食，夺彼与此，何其偏也！"（《列御寇》）

马大
好像是没这个必要。

庄子
我怎么知道贪生不是迷惑呢？我怎么知道怕死不是少小离家而不想回去呢？我怎么知道死去的人不

后悔当初求生呢? 梦里喝酒的人, 白天哭泣; 梦里哭泣的人, 白天打猎。人在做梦的时候, 是不知道自己在做梦的, 梦中还在占卜另一个梦的吉凶, 醒了才知道是在做梦。只有彻底觉悟的人才明白人生就是一场大梦。愚蠢的人自以为醒着, 自以为明白天下的道理, 谁高贵啊, 谁卑贱啊, 其实浅陋得很! 孔夫子和你都在做梦, 我说你在做梦, 这也是做梦。这些话古怪到家了。万世之后, 碰巧遇到一个懂的人, 也就跟今天早晚之间碰到他一样。

予恶乎知说生之非惑邪! 予恶乎知恶死之非弱丧而不知归者邪! 予恶乎知夫死者不悔其始之蕲生乎! 梦饮酒者, 旦而哭泣; 梦哭泣者, 旦而田猎。方其梦也, 不知其梦也。梦之中又占其梦焉, 觉而后知其梦也。且有大觉而后知此其大梦也。而愚者自以为觉, 窃窃然知之。君乎, 牧乎, 固哉! 丘也与汝, 皆梦也; 予谓汝梦, 亦梦也。是其言也, 其名为吊诡。万世之后, 而一遇大圣知其解者, 是旦暮遇之也。(《齐物论》)

马大

寂寞无形, 变化无常, 死啊生啊, 与天地并存啊, 和神明交往啊! 渺渺茫茫, 恍恍惚惚, 从哪里来, 到哪里去呢? 天地之间, 包罗万象,

庄子

有点意思!

我却没有一定的归属。古人道术中有关这一方面的学问，正是庄子欣赏的风格。

马大

他用虚无缥缈的说法，荒诞夸张的言论，不着边际的文辞，时常放纵不羁，汪洋恣肆，而又不以偏概全。他认为天下沉浊，不能一本正经地讲道理。所以就用无心之言漫谈，借古人之口表明真理，用寓言故事加以阐发。他独与天地精神往来而不傲视万物，不争辩是非，而能与世俗相处。他的书瑰奇高远而又宛转随和，他的文章跌宕起伏而又妙趣横生。他内心充实，思想奔放。上与造物者同游，下与生死如一、不分终始的人做朋友。他的基础，弘大开放，深广畅达；他的宗旨，协调顺应，合乎天道。尽管如此，在应对变化、理解事物方面，他的道理总是源源不断而又不脱离本真，所以茫茫昧昧，无法穷尽。

芴漠无形，变化无常，死与生与，天地并与，神明往与！芒乎何之？忽乎何适？万物毕罗，莫足以归。古之道术有在于是者，庄周闻其风而悦之。以谬悠之说，荒唐之言，无端崖之辞，时恣纵而不傥，不以觭见之也。以天下为沉浊，不可与庄语。以

庄子

嗯，你的说法倒是很对我的胃口。

卮言为曼衍，以重言为真，以寓言为广。独
与天地精神往来，而不敖倪于万物。不谴
是非，以与世俗处。其书虽瑰玮，而连犿
无伤也。其辞虽参差，而諔诡可观。彼其
充实，不可以已。上与造物者游，而下与
外死生、无终始者为友。其于本也，弘大
而辟，深闳而肆；其于宗也，可谓稠适而
上遂矣。虽然，其应于化而解于物也，其
理不竭，其来不蜕，芒乎昧乎，未之尽者。

（《天下》）

马大

不是我说的，是您的后学写在《天
下篇》里的话。

庄子

怪不得。所以你看，知音肯定是有
的，早晚会碰到懂的人。

马大

不管懂不懂，在我看来，您首先是
一个可爱的人。

庄子

哦？哈哈。

太阳下山了，马大不得不告别庄子，准备返回。他按下ESC键退出超时
空探访程序，然后开启还原模式，闭上眼睛等待月光宝盒将他剪切粘贴到
2015年4月13日。一分钟过去了，什么动静也没有，是程序失灵了？还是赞助
商的计划又改变了？忽然，月光宝盒发出滴滴滴滴、滴滴滴滴的信号，声音
越来越响，响的人心里发慌，焦灼茫然之际，马大觉得脚下一空，身子一个
激灵，醒了过来。

手机已经没电了，耳机还插在耳朵里，闹钟在枕边滴滴滴滴、滴滴滴
滴地响着，七点一刻了，赶紧起床上班去！

第二场　让我们不再是"我"

叔本华

这一生不管怎样，很快就会结束。或许我们还会生存为数不多的年月，但与我们将不再存在的无尽时间相比，这些甚至还称不上是沧海一粟。（《叔本华美学随笔》第205-206页）

马二
您如何看待死亡？

叔本华

死亡是真正激励哲学、给哲学以灵感的守护神，或者也可以说是为哲学指明路向的引路者。正因为这样，苏格拉底给哲学所下的定义就是："为死亡所做的准备。"的确，如果没有了死亡这回事，也就很难再有哲学的探讨。（《叔本华美学随笔》第202页）

马二
怕死似乎是人的本性。

叔本华

大自然的声音似在清楚说出：死亡就是一桩极大的不幸。在大自然的语言里，死亡意味着毁灭，人们如此严肃对待死亡，由此就已经可以判断：生活并不是一场开心逗乐——这是每个人都知道的。或许，我们并不配得到比生活和死亡

这两者更好的东西。(《叔本华美学随笔》第204—205页)

马二
动物呢?

叔本华
动物也恐惧死亡,虽然动物并不认识死亡。所有生物一旦诞生在这一世上,就已具备了对死亡的恐惧。这种对死亡的先验恐惧正是生存意欲(一译"生命意志",下同)的另一面,而我们及所有生物都的确就是这一生存意欲。所以,对于每一个动物来说,惧怕自身毁灭就跟关注维护自身一样,都是与生俱来的。为什么动物会逃跑、颤抖和试图躲藏起来?因为生存意欲就是这样,作为生存意欲的生物就是要遭受死亡,它们希望的就是争取多一点生存的时间。人在本性上也是一样。威胁人们的最大的不幸和最糟糕的事情就是死亡,无论在哪里都是这样;人的最大的恐惧就是对死亡的恐惧。(《叔本华美学随笔》第205页)

马二
理解死亡的人,热爱生机勃勃。

叔本华
没有什么比别人正遭受生命危险更能激起我们最强烈的关注;也没有什么比被判以死刑更加可怕。人们在这些情况下表现出来的对生

131

之无限依恋不可能是出自人们的认知和思考。对有认识力和深思的人来说，这种对生之依依不舍其实显得相当愚蠢，因为生的客观价值相当飘忽；这种生存是否优于非生存起码是有疑问的。的确，如果经验和深思可以定夺此事，那非生存一定会胜出。假如我们叩问坟墓里的死者是否愿意重新做人，他们将会摇头拒绝。（《叔本华美学随笔》第205页）

马二
真的吗？

叔本华
死亡就是一种痛苦的松结——它松开了我们在享受感官肉欲的性行为时系上的结子。死亡是针对我们本质所犯下的一个根本错误而实施的暴烈的、从外而至的破坏：幻象终于消失了。（《叔本华美学随笔》第261页）

马二
死亡跟生存意欲有什么关系？

叔本华
死亡是生存意欲——更精确地说，是生存意欲本质上所特有的自我主义——在大自然的发展过程中所获得的拨乱反正；死亡也可被理解为对我们存在的一种惩罚。（《叔本华美学随笔》第261页）

马二
为什么是惩罚？

叔本华
因为从根本上，我们就是一些本来根本就不应成为的东西；正因为这样，我们才会停止存在。自我主义其实就是把全部的现实局限在一己的身上，误以为自己就唯独存在于这一肉身里面，别人与己完全无关。死亡教给这样的人更加正确的道理，死亡把这一个人取消了，从此以后，这个人的真正本质，亦即他的意志，就只存活于别的个体身上。如果从这一角度审视，那我们就可以把失去自己的个体性视为失去某一现象而已；这种失去也就是看上去似乎是失去而已。除了这些，死亡却是一个大好的机会，让我们不再是"我"——当然，这只是对能够把握这一机会的人而言。

（《叔本华美学随笔》第261-262页）

马二
大好的机会，怎么讲？

叔本华
在生活着的时候，人的意志是没有自由的：在人的既定不变的性格基础之上，人的行事由动因的链条所带动而必然地展开。每个人都会记得自己曾经做过的、自己并不满意的事情。如果这个人继续生活下去，那他仍将继续以同样的方式行事——这是因为性格不变的缘

134

故。因此，这个人必须停止他目前这样的存在；只有这样，他才可以从本质源泉里生成新的和另一种样子的存在。死亡就是挣脱片面的个体性的时候———这一个体性并非构成了我们的真正本质内核，而只可以设想为对我们真正本质的一种偏离。此刻，真正、原初的自由重临；这一刻在这里所说的意义上可被视为"回复以前的状态"。因此，大多数垂死之人的脸上呈现出安详与平和，其根源似乎就在这里。每一个好人的死亡一般来说都是平静、柔和的，但自愿、愉快迎接死亡则只是死心断念、放弃和否定生存意欲之人的特权。这是因为只有这样的人才会愿意真正的而并非只是表面现象上的死亡，这些人因而不会要求也不需要自己本人的继续存在。这样的人自愿放弃的，是我们所认识的存在。他们为此获得的，在我们看来是无。佛教信仰把这名为"涅槃"。（《叔本华美学随笔》第262–263页）

马二
精神在天堂还是在地狱？

叔本华

精神的寓所是我们，不是阴曹地府，不是天上星辰：这两者都是活在我们之中的精神所制作的。（《作

为意志和表象的世界》第143页）

马二

您说过：
"人，要么庸俗，要么孤独。"

叔本华

谁要是完整地接受了我的教诲，并因此知道我们的整个存在其实就是有不如无的东西，而人的最高智慧就是否定和抗拒这一存在，那么，他就不会对任何事情、任何处境抱有巨大的期待；不会热烈地追求这尘世的一切，也不会强烈抱怨我们计划的落空和事业的功败垂成。相反，他会牢记柏拉图的教导："没有什么人、事值得我们过分的操心。"（《人生的智慧》第122-123页）

　　太阳下山了，马二不得不告别叔本华，准备返回。他按下ESC键退出超时空探访程序，然后开启还原模式，闭上眼睛等待月光宝盒将他剪切粘贴到2015年4月13日。一分钟过去了，什么动静也没有，是程序失灵了？还是赞助商的计划又改变了？忽然，月光宝盒发出滴滴滴滴、滴滴滴滴的信号，声音越来越响，响的人心里发慌，焦灼茫然之际，马二觉得脚下一空，身子一个激灵，醒了过来。

　　手机已经没电了，耳机还插在耳朵里，闹钟在枕边滴滴滴滴、滴滴滴滴地响着，七点一刻了，赶紧起床上班去！

图书在版编目(CIP)数据

超时空探访：庄子与叔本华/马颢编著.—上海：上海古籍出版社，2015.7

（咖啡与茶）

ISBN 978-7-5325-7694-4

Ⅰ.①超… Ⅱ.①马… Ⅲ.①庄周(约前369~前286)—哲学思想—研究②叔本华,A.(1788~1860)—哲学思想—研究 Ⅳ.①B223.55②B516.41

中国版本图书馆 CIP 数据核字(2015)第 150100 号

咖啡与茶

超时空探访：庄子与叔本华

马 颢 编著

上海世纪出版股份有限公司
上海古籍出版社 出版发行

（上海瑞金二路 272 号 邮政编码 200020）

（1）网址：www.guji.com.cn

（2）E-mail：guji1@guji.com.cn

（3）易文网网址：www.ewen.co

发行经销 上海世纪出版股份有限公司发行中心

制版印刷 上海丽佳制版印刷有限公司

开本 889×1194 1/36

印张 4 插页1 字数 100,000

印数 1-4,300

版次 2015 年 7 月第 1 版
2015 年 7 月第 1 次印刷

ISBN 978-7-5325-7694-4/G·615

定价 29.00 元